講談社選書メチエ

616

知の教科書 フランクル

諸富祥彦

MÉTIER

目次

本文写真提供― Hulton Archive/Getty Images

序

自己の内面の空虚であることを認めざるをえないときに、人はフランクルを読む

人は、人生で三度、フランクルを読む

本書は、『夜と霧』『それでも人生にイエスと言う』の著者として知られるオーストリアの精神科医ヴィクトール・エミール・フランクル（Frankl, V. E., 1905-1997）の思想が、現代に生きる私たちにとって持つ意味を解き明かすものである。

フランクルの読者は、幅広い層にわたる。しかしそれは、単に、名著はどの年代にも受け入れられるから、といった一般的な理由からではない。

フランクルの著書を読むのは、人が、自らの人生の意義を問い始めたときである。

そして、感受性の高い人間であれば、人は、生涯で三度、人生の意味を問う。一回目は思春期から青年期の悩みにおいて。二回目は中年期において。そして三回目は、高齢になり死の訪れを感じはじめたときに。この三つの時期に人間は、自らの生の意義を問うのである。したがってフランクルは、人の人生で、三度読まれることになる。中でもとりわけフランクルの熱心な読者は、三〇代後半から六〇代にかけての、中高年の危機（ミドルエイジクライシス）においてである。

中年期の危機の重要性を最初に強調したのは、カール・グスタフ・ユング（一八七五―一九六一）であった。実際、ユングのもとを訪れたのは、社会的にも成功し経済的にも恵まれた中年期の人々であった。現代の日本でカウンセラー（心理療法家）をしている私のもとにカウンセリングに訪れたり、心理学のワークショップに参加したりして人生を見つめ直す人にも、圧倒的にこの世代の方が多いの

である。

中高年のフランクルの読者は言う。

高校生（大学生）のときに、フランクルの『夜と霧』を一度は読みました。けれど、そのときはよくわからなかった。中高年になった今、改めて読んでみると、心にほんとうに響いてきます。

一〇年経ち、二〇年経ち、人はフランクルを読み返す。そして七〇代になって、フランクルをもう一度、読み直すのである。人間は、年齢を重ね人として成長し成熟してくるにつれて、自らの人生の空虚であることを率直に認めざるをえなくなるときが、頻繁に訪れるようになる。大人になり、完璧主義から脱却し、心に少し余裕ができてきたからこそ、自らの内面の空虚に目を向ける余裕が生まれてくるのである。

人生がある程度空虚であるということは、それほど悪いことではない。

それを認めることができるようになったこと自体、人間として成熟した証である。

大人になり、成熟し、「自分」という「心の器」がしっかりと築き上げられてきた今だからこそ、「自分」の中にぽっかり空いた「穴」の存在にも意識を向けることができるのである。そして、こういった多くの人に求められるのが、フランクルなのである。

二つの顔

フランクルは実践家である。精神・神経科医として、心理療法家としての臨床実践に何よりも心血を注いできた。しかし同時にフランクルは、そうした臨床実践をもとに多くの著作を書き記してきた著作家であり、実存的な人間論を展開した思想家でもある。

さて、著作家としてのフランクルには、二つの顔がある。彼が意図的に二つの顔を使い分けた、というのではない。フランクルの運命が、いわば彼に二つの顔を持たざるをえないように仕向けたのだ。

一つは、フランクルがライフワークとした、人が自己の内面の空虚であることを知って、人生に絶望しかけたときに、自己を振り返り、再び自らの「人生の意味」を発見していくのを援助するロゴセラピーという実存的心理療法の創始者としての顔。

そしてもう一つが、第二次世界大戦時におけるナチスの強制収容所での「生き残り」ユダヤ人の一人として、そこで起きていたことの（単なる外的な事実にとどまらない）内面的真実を広く伝えていく宿命を負った『夜と霧』の著者」としての顔である。

わずか九日の集中的な口述筆記で書き上げられた『夜と霧』は、そこに記された数々の陰惨な事実にもかかわらず、ある種のさわやかな読後感を与えてくれる。それは、この著作におけるフランクルの眼差しが、強制収容所の生き地獄の中でなお希望を失わずに生きようとする人々の姿と、それを支える人間精神の気高さとに注がれているからである。特にアメリカの若者に熱狂的に支持された。一九九一年一一月二〇日付のニューヨークタイムズによれば、アメリカの議会図書館の「今月の本クラブ」会員が選んだ「最も影響力のある本」ベストテンに入っている。心理学・精神医学関係では唯一のランクインであった。

「人生の意味」「生きる意味」を発見していく心理療法ロゴセラピーの創始者であるフランクルと、大ベストセラー『夜と霧』の著者としてのフランクル——相互に関連しながらもやはり相対的には区別されるべきこの二つの顔がときとして交差しながら、フランクルの著作は生み出されていった。

本書では、主として前者（人生の意味を再発見する心理療法家としてのフランクル）に主たる焦点を当てながら、しかし必要に応じて後者のフランクルの顔にも触れていく。そのいずれの顔が主となった著作であるかにかかわりなく、フランクルの著作に共通するのは、「読者に対して心理療法的な効果をもたらす稀有な力を持っている」という点である。

どんなときも、人生には、意味がある

フランクルの著作を読むことを通して、人はおのずと、自己の内面が空虚であることを見つめ、そして人生の意味の再発見に取り組んでいく過程を援助される。すなわち、フランクルの著作を読むという行為は、読者にとって一種の心理療法としての「読書療法」的な意味を持つのである。

人生、いろいろなことがうまくいかず、苦しいことの連続のように思えることも少なくない。しか

も、心理療法家である私がカウンセリングをしているといつも思うのだが、人生、いったん悪いことが起こり始めると、これでもかというくらいに、連鎖して悪いことが起こっていくものだ。いくらなんでも、神様、それはやりすぎだろう。とうに音をあげている。すごいな、この人。よく耐えられるな……と、そんな敬意に似た気持ちをクライアントに抱くことが少なくない。私がこの人だったら、とうに音をあげている。

しかし当然ながら、当人にしてみれば、たまったものではない。天を仰ぎ、運命を呪いたい気持ちになることもないわけではないだろう。「どうして、この私にばかり、こんなことが次々と起こるのだ……」と、運命への怒りのような、呪いのような気持ちを抱いてつぶやきたくなったことも一度や二度ではないだろう。

フランクルの著作はそんなときに、とびきり効く。フランクルの言葉は、そんな人生を諦めかけ絶望しかけた人々の魂を揺さぶる力を持っている。人生を諦めかけ、自暴自棄になり、「もう、すべてを投げ出してしまいたい」と思っている。そんな人の魂を揺さぶって、「もう少し、生きてみよう」という思いを掻き立てる力を持っているのだ。

それがフランクルの思想の持つ「力」だ。

では、フランクルの思想のエッセンスとは何か。今たとえば、書店でなんとなく本書が気になり、手にとってくださった方にもすぐにわかるようにそれを私なりに表現すると、フランクルの思想のエッセンスは次のように言うことができる。

どんなときも、人生には、意味がある。

なすべきこと、満たすべき意味が与えられている。

この世界のどこかに、あなたを必要とする「何か」がある。

この世界のどこかに、あなたを必要とする「誰か」がいる。

そしてその「何か」や「誰か」は、あなたに発見され実現されるのを「待って」いる。


「何か」があなたを待っている。

「誰か」があなたを待っている。

私たちは、常にこの「何か」「誰か」によって「必要とされ待たれている」存在なのだ。


だから、たとえ今がどんなに苦しくても、あなたはすべてを投げ出す必要はない。

あなたがすべてを投げ出しさえしなければ、いつの日か、人生に「イエス」と言うことのできる日が必ずやってくるから。

いや、たとえあなたが人生に「イエス」と言えなくても、人生のほうからあなたに「イエス」と光を差し込んでくる日が、いつか必ずやってくるから。

「読書療法」としてのフランクル

フランクルの著作が、なぜこのような効果を持つのか。なぜ、フランクルを読んだ人は、「もう一回、生きてみよう」と生への意欲を奮い立たせることができるのか。

フランクルが創始し伝搬したロゴセラピー（実存分析）は、「生きる意味」の発見を専門とする心理療法である。ロゴセラピーの特徴は、生きることに絶望しきった人が、自らの「生きる意味」を再発見するのを援助することにある。フランクルの著作の特徴は、単に心理学の学びを深めるために有益なばかりでなく、読者が自らの「生きる意味」を発見し、生きる希望を見出していく力となりうるところにあるのだ。

フランクルの言葉は、思い悩む人の心にストレートに飛び込んでくる。フランクルの著作を読むこと自体が、一つのセラピー（読書療法）となりうるのである。

私の周囲のカウンセラー、心理療法家、精神科医たちにたずねると、クライアントさんや患者さんにフランクルの本を渡したことがある、という人が少なくない。そして実際、フランクルの著作は、読むだけで大きな治療効果があるのである。

具体的にいえば、フランクルの言葉には、自殺をほのめかしている人が「もう少しだけ、生きてみよう」と思い始める力が宿っている。それがゆえにフランクルは、カウンセラー、心理療法家、精神科医に読まれている以上に、クライアントや患者さん、そして心に空虚を抱えた多くの人々に読まれているのである。

しかしこうした心理療法家は、稀有な存在である。読書療法としての効果を持っており、そのため、クライアントや患者から（したがってまたその背後にいる無数の苦悩する人々から）圧倒的な支持を得ている、という点では、フランクルと、森田療法の創始者である森田正馬《まさたけ》（一八七四―一九三八）の著作が双璧をなすのではないか。著名な心理療法家や精神科医の著作で、このような読まれ方をしているものはきわめてまれなことだ。フロイトやユングやロジャーズを読んで感銘を受けた、というカウンセラーや心理療法家や精神科医は少なくないが、フロイトやユングやロジャーズを読んで立ち直った、自殺するのをやめた、というクライアントには、あまり会ったことがない。

『imago』（『現代思想』臨時増刊号四―四、二〇一三）のフランクル特集で、精神科医の斎藤環《たまき》氏が「フランクル＝相田みつを」説を唱えたことがあったが、その言葉に支えられて人生の苦悩に耐えている人が多くいる点では、あながち間違いとは言えないところがある。もちろん、斎藤氏はアイロニーとして言ったのであろうが、心理療法家、カウンセラー、精神科医等が、その著作を通じてダイレクトに読者の心を支え魂を救済することができるのであれば、これはけっして、悪いことではない。

フランクルにとっては（そして私自身にとっても）、著作活動それ自体が一つの治療行為であり、臨床実践となっている。これは、けっして悪いことではないばかりか、誇ってよいことであるとさえ思えるのである。そして、自らの著作活動の持つこうした特徴について、フランクル自身も意図的であった。

一九五五年の著作に『時代精神の病理学』（*Pathologie des Zeitgeistes*）がある。これはフランクルが一九五一年から五五年の五年間にわたってウィーン放送において毎月おこなっていた一般向けのラジオ講演の中から、最初の七回分（まずこれが一九五二年に『日常生活の心理療法』という書名で出版され、大きな反響を呼んだ）と、その後の放送分からセレクトされた一九回分とを合わせて、合計二六本のラジオ講演を収録したものである。

主なテーマを挙げてみると、

宿命論的態度
仮の生き方
集団と指導者
老化とメンタルヘルス
中年のメンタルヘルス
催眠術
不眠について
愛について
メランコリー
自分自身に対する不安

マネジャー病
安楽死か集団虐殺か
精神の反抗力について
臨床から見た心身問題
心霊術
精神科医は現代美術をどう考えるか
医師と悩み
人間は遺伝と環境の産物か……

この本の「まえがき」でフランクルは次のように書いている。

ところで私がねらったのは精神衛生的な効果だった。というのも、私の念頭にあったのは、心理療法を論じることより――むしろ、ラジオ放送を通して、聴いている者の心理療法をおこなうこと――マイクの前での心理療法だったからである。その上ラジオは集団的な心理療法の役に立つはずだったし――集団的神経症を防ぐのには都合がよいと思われた。（PZ＝引用文献を示す。これらの略記号と書名については巻末に一覧を掲げた）

ラジオを聴いている一人ひとりのリスナーを自分のクライアントとみなして、ラジオを通して語りかけることで、彼らにセラピーをおこなうこと。セラピーについての解説ではなく、リスナーを対象にしたセラピーの実践をおこなうことがフランクルのこのラジオ講演の目的だったのである。

心理療法家の講演の多くに（たとえば日本で言えば臨床心理士対象の研修などが当てはまるが）、いわば同業者である心理療法家、カウンセラー、精神科医らがかけつけるのが一般的である。しかしフランクルの講演の場合、そのような専門家よりもむしろ、自分の悩みを何とかしたいと思っている一般の人が主な聴衆であった。

同様にフランクルの著作も――もちろん、どの時期に書かれたどの著作であるかによってその程度は異なるものの――その大半が、読者として、心理療法家やカウンセラー、精神科医だけでなく、クライアントや患者、さまざまな苦悩を抱える一般の人々を想定して書かれたものと考えられる。

すべてを投げ出してしまいたい――「生命の弱体化」の中で

「生命の弱体化」とでも言うべき現象が、今、この国、日本では起きている。生命そのものが手ごたえの希薄なものになりつつある。生命の濃度そのものが、極端に希薄化しつつあると言ってもよい。その中で、「人生の意味」を問い始める人が増えてきている。「そもそも人生というものにはどんな意味があるのか」という哲学的な問いを抱える人もいるが、大方はそうではない。

これまでの人生を振り返ったとき、「そもそもこの私の人生にいったい何か意味など、あるのか」

という実感にもとづいた問いが生まれてくるのである。

　この人生の意味への実感的な疑念は、四〇代半ばを過ぎるとさらに深刻化していく。私のもとにカウンセリングを受けにくる方、ワークショップという体験的な心理学の学習会（本書二一三頁の案内参照）に参加される方にも圧倒的にこの年代の方が多い。この現象は日本だけのものではない。私がかつて在籍した英国の大学や米国の大学でのカウンセリングコースの受講者も、四〇代や五〇代、六〇代が多かった。そして、その方々が口々に言葉にするのが、

「すべてを投げ出してしまいたい」

という言葉である。

めんどうくさい。ほんとうに、めんどうくさい。これが、あれが、めんどうくさい、というのではない。すべてがめんどうくさい。朝起きることも、歯を磨くことも、もちろん職場に行くことも、風呂に入ることも、寝ることも……生きてあること、この日常的な営みのすべてがめんどうくさくて仕方がない。すべてを投げ出してしまいたい……。

　誰でもそんな実感を三〇代後半から六〇代にかけてのどこかで、痛切に感じることがあるのではないだろうか。そして、すべてに対して、投げやりになってしまう。「もう全部放り出してしまいたい」「私のこんな人生にいったいどんな意味があるのか」――。

　そんな人生に対する空虚感は、けっして不健全なものでもないし、無意味なものでもない。フランクルやアブラハム・マズロー（一九〇八―七〇）ら、人間の内面的成長を説く心理学者の多くが、こ

の空虚感は、人間が精神的に飛躍的な成長を果たそうとするときに起きる必然的な意味を帯びていると言う。それは「実存的な空虚感」なのである。

カエルが大きくジャンプをするためには、その直前に身をかがめなくてはならない。それと同様に、人間が精神的・内面的に飛躍的に成長していくその直前にも、それまでのすべてのことがあたかもまったく無意味であったとしか思えない、そんな空虚感に必然的に捕らわれることがあるのではないだろうか。

精神的・内面的に飛躍的に成長していくための「高次病」としての空虚感

フランクルは言う。

人生の意味についての問いは、人間のあらゆる現象の中で最も人間的な現象である。

またマズローは、人間が精神的・内面的に大きく成長していく直前には、それまで自分がおこなってきたことのすべてが無意味であるとしか思えなくなる時期がある、という。そしてそれを「高次病」と呼ぶ。つまり、それまでの「欠乏欲求」――たとえば、人に認められたい、といった何かの「欠落」を埋めようとする欲求――に駆られ、たえずその欠落を埋めるようにして生きてきた状態から、そうした欠落から自由になり、ただみずからに与えられた使命・課題に我を忘れて取り組んでいく「存在価値」に満たされたあり方へと、人生が大きく質的に変容していくその過渡期に生じる現象である。

四〇代から六〇代の多くの人が「このままではいけない」「私の人生を根本から変えなくては」と切迫感を持って訴える。「このままでは、自分の人生に意味があるとは思えない」。そういって、人生で最も真剣な姿勢で自分自身の内面と向き合うのである。そのために、仕事や家族とのつながりなどをいったん断ち切って、自分自身の内面と向きあっていく。カウンセリング（個人セッション）を受けたりワークショップに参加したりしながら、自分と向き合っていく。人がフランクルの著作と出会うのも、その過程においてである。

中高年にさしかかるともう一度、新たな自分づくりという課題に向き合わざるをえなくなる。いわば第二の思春期である。中高年が「思秋期」と呼ばれるゆえんである。その自分と向き合っていく過程で、人は、それまでの自分の生き方を「すべては無意味だったのではないか」と疑わざるをえなくなる。それは、人生後半の課題を乗り越え、人生を意味あるものとして完成させることができるためには今の自分では不十分だという切迫感に駆られての「高次病」のゆえなのである。

「高次病」にかかり、自分の人生の無意味を問うてカウンセリングやワークショップを訪れる方の多くは、一般的には、次のようなプロセスをたどっていく。

①　自分の人生の意味や使命を問う。

②外界との接触を断ち切り、ひとりになる。内面に向かう。
③内面で問いを発し続ける。「答えなき問い」を抱え続ける。
④他者と深い、内面的な交流の時間を持つ（カウンセリングやワークショップへの参加など）。
⑤「自分が生きていることの意味」「自らの人生に与えられた使命」に目覚める。
⑥生まれ変わった「新たな自分」として、現実世界で行動を始める。

それは場合によっては数年もかかる果てしない、内的な自己探究の旅である。

「中年クライシス」とフランクル

冒頭でも述べたように、中年期危機の問題を最初に明確に指摘したのは、ユングであった。ユング自身、中年期に精神病かと思われるほどの病的体験をして、それを克服しようと自分の内界を探索したという経験をもっている。彼は、その自らの体験をもとに自分の理論をつくり上げていったのである。まさに「創造の病」（エレンベルガー。一九〇五―九三）と呼ばれるに相応《ふさわ》しい体験である。

ユングはこのような自分の体験をふまえ、また多くの中年期のクライアントと会っていくうちに、「人は中年において、人生の大切な転換点を経験する」と考えるようになっていった。ユングは、人生を前半と後半とに分けて、「人生の前半」（現代で言えば、およそ四五歳くらいまで）は自我を確立し、社会的に活動し地位を得て、結婚して子どもを育てるといった課題をなしとげる時期であると考えた。これは、いわば「人生の午前」である。

一方、「人生の後半」は、そこからひるがえって、自分とは本来何者なのか、「私は、本来、どこから来て、どこに行くのか」「私のいのちに与えられた、まっとうすべき使命とは何か」という根源的な問いに取り組んでいく。そうすることで、来たるべき「死」に備え、人生の完成に向かっていく時期なのである。これはだんだんと、沈み行く太陽にも似て、「人生の午後」というべきものである。

人生の前半は、社会的に活動し地位を得て結婚して子どもを育てるといった課題をなしとげる。ちょうど東から昇った太陽が高く輝くまでの過程を指す。正午が折り返し地点だとすれば、その手前の時間にあたる。そして多くの人は中年期を折り返し点として「人生の午後」を迎える。「自分の人生の意味」を問い「自分の人生でまっとうすべき使命」とは何かを問い直すという内面的な問題に取り組み始めるようになる。

興味深いことに、相談のためにユングを訪れた中年の人の三分の一は、一般的には何の問題もない人だった。むしろ彼らは財産、地位、家族などに恵まれた状態にある人だったという。しかし「何か」が足りないと感じ、「不可解な不安」に苦しめられてユングのところを訪れたのである。社会的な地位を確立し、財産を得て、立派な家庭を持てば幸せになれるに違いないと信じてひたすら頑張ってきたのに、いざそれを手にしてみれば、自分の人生に大切な「何か」が欠けているという気がしてくる。これは、私のもとを訪ねてくださる方々にも同様に言えることである。

「私の人生はこのままではいけないのではないか」と相談に来られたり、ワークショップに参加されたりする方にも、社会的にはある程度の地位があり、経済的にもそれなりに恵まれている人が多い。

河合隼雄氏が（一九二八—二〇〇〇）繰り返し用いていた比喩を借りれば、上昇していた太陽が正午を過ぎて下降に向かうように、中年にさしかかった人々は転回点を経験する。しかし、「何かが欠けているのではないか」といったこうした課題に取り組むことによって、人は「下降を通じて上昇する」という逆説を体験できるようになる。ただそのような大きな転回を経験するためには、相当な危機を経なければならない。

つまり若い頃には、「社会的に認められること」「地位を得ること」ができれば、安定した幸福な生活がやってくると信じて、頑張ってきた。けれどもそれを手に入れてしまった今、自分の人生には、大切な「何か」が欠けていることに気づき始める……。「自分はたしかにこれまで頑張ってきたし、社会的な地位も名声も得ることができた。けれど、しかし、その先は——？　いったい、それが何だというのだ」。このような問いを自問しながら日々を生きるのである。


人生の道は、後ろ向きに進んでいる——走っても、走っても、前に進まない

これは、社会的な地位や名声を得ることのみに汲々としてきた人だけに限らない。

若い頃から、自分の「夢」や「願望」を自覚し、その実現に取り組んできた人、いわば「自己実現した人」も、中年期には、このような問いに苛《さいな》まれる。そしてこれは、もちろん、その人の体力気力の衰えとも無縁ではない。

ある人はこう言った。

いくら一生懸命、走っても、前に進むことができない。

四五歳を過ぎると、人生の道そのものが後ろ向きに進んでいるから。

私たちがその上を走っている「人生の道」そのものが後ろ向きに進んでいる。だから、走っても、走っても、前に進んでいる実感がない……。そう言うのである。そのために中高年になると、いやがおうでも、はたと止まらざるをえなくなる。

ある人はこれまで、単に外見上ではなく、その内面においても充実した人生を生きてきた。人生において大切なのは、社会的な地位やお金ではなく、その中身であることを知って、自分らしく生き、自分の「夢」を実現してきた。しかし若いときから、このような充実した人生を生きてきた人でさえも、中年期という「人生の曲がり角」においては、自問せざるをえなくなる。

自分はたしかに、やりたいことは一通りやってきた。夢も一応は実現した。今死ぬとすれば、悔いのないいい人生だったと言えそうだ。けれども、これから数十年の人生を、この調子でやっていけるかというと、どこか何かが違う気がする。何か、生き方を変える必要がある気がする。

このように、中年期において多くの人は、それまでの自分の人生の点検と、これからの人生の方向確認とを迫られる。若い頃から、社会的地位を得ることに汲々としてきた「守りの人生」を歩んできた人も、自分の夢の実現に邁進してきた「攻めの人生」を歩んできた人も、いずれの場合であっても、しばしば生き方の変更を余儀なくされる。そして、「人生の午後」(四五歳以降)を、「下降することによって上昇する」ような充実したものにするための「備え」が必要になってくるのである。

中高年の問い――私は何のためにこの世に生まれてきたのか

若いときは、次のような問いを考えることが役に立つ。

「自分がほんとうにしたいことは何だろう。自分の人生の夢(目標)は何だろう」

「どんなふうに生きれば、自分の可能性を活かすことができるだろう」

これはいわば、「自己実現」の問い、自分の願望や希望を問う問いである。けれども「人生の午後」を生きる中高年には、もはやこのような問いは役に立たない。人生の「折り返し地点」に達し、「人生の午後」を「下降することによって上昇する」かのように生きていくためには、むしろ、次のような問いが有効になる。

「自分は何をする必要があるのだろう。私は、残された人生で、何をまっとうすることを求められているのだろう」

「自分の人生を、意味あるものとして完成させるためには、私は残りの人生を何に使い、どう生きるべきなのだろう」

この問いは、もはや「自己実現」のための問いではない。「意味実現の問い」「使命実現の問い」である。「私がほんとうにしたいことは何だろうか」と問うのは、自己実現の問いである。フランクル心理学ではこれを逆さにする。そして「人生は私に何を求めているのか」と問う。それにより、「自己実現の問い」を「意味実現の問い」「使命実現の問い」へと転換するのである。

「私がしたいこと」を問う前者が、「自分の可能性を探究する若者の問い」であるとすれば、「人生が私に求めていること」を問う後者は、「人生を意味あるものとしてまっとうしたい」と願う中高年の問いである。そしてフランクルも言うように、後者の「人生を意味あるものとしてまっとうしたい」という思いは、「自分の人生に与えられた使命をまっとうしたい」という思いに直結する。

多くの人は問う。

「私は何のためにこの世に生まれてきたのか。その意味を知りたい」

「私の人生に与えられた使命を、私は果たしてまっとうできているのだろうか——もし、そのようなものがあるのだとすれば」

「自分が何をしたいか」ではなく、「人生で自分は何を求められているか」を考えるフランクル心理学。それは、まさに中年期以降の人間が、人生の折り返し地点において、自分のこれまでの人生を見つめ新たに生き直そうとするときに、大きな気づきの手掛かりを与えてくれるものである。

第一部

フランクルの生涯と思想形成

強制収容所の中でなされたものではない

この章では、フランクルの生涯をたどりながら、その思想形成のプロセスをたどっていく。

まず最初に留意しておく必要があるのは、フランクルの思想形成と、『夜と霧』に記された強制収容所体験を必ずしも同一視してはならない、ということである。フランクル自身、強調しているように、フランクルの思想の骨格は第二次世界大戦以前に、したがって彼が強制収容所に捕らえられる以前に既に形づくられていた。フランクルは戦前に四本の論文を発表している。

一つめは、何とフランクルがまだ高校生だったときに、精神分析の創始者、ジグムント・フロイト（一八五六―一九三九）に私信として送り、翌々年に『国際精神分析ジャーナル』に掲載されることになった「身振りの肯定と否定の成立について」（一九二四）である。

二つめは「心理療法と世界観」であり、その翌年（フランクル二〇歳）にアルフレッド・アドラー（一八七〇―一九三七）が創始者となった『国際個人心理学雑誌』に掲載された（一九二五）。

三つめは、その一三年後に書かれた「心理療法の精神的問題性について」（一九三八）。フランクルが三三歳のときに書かれたこの論文の中で「ロゴセラピー」と「実存分析」という言葉がはじめて体系的に使われている。

四つめは、一九三九年に書かれた「哲学と心理療法――実存分析の基礎づけのために」(Philosophie und Psychotherapie: Zur Grundlegung einer Existenzanalyse, In: *Schweizerische medizinische Wochenschrift*,

69, 1939）である。

戦前に書かれた最後のこの論文は、四つの論文の中で最も体系的に書かれており、フランクル思想の原点がくっきりと示された内容になっている。この論文を読めば、フランクルの思想と心理療法の理論と方法の骨格が既にこの時点でほぼ形成されていたことが明白である。もちろん、強制収容所体験は、それ以前にフランクルが既に抱いていた思想を血肉の込められたものにしていく上で大きな意味を持っている。しかし、強制収容所体験の中で彼の思想の基盤が形成されていったのではない。この点は明確に区別しておきたい。これはフランクル自身が強く望んでいたことでもあった。

フランクルが強制収容所に送られる際、どうしても奪われまいと、外套の裏地に縫い合わせて手放そうとしなかったのが、彼が一冊の書物として初めて世に問うつもりであった著作の原稿であった。それまで小さな論文の中では既にそのもとになる考えを発表していたが、ロゴセラピーと実存分析の体系についてはじめて記した原稿であった。結局は外套もろとも奪われることになるのだが、外套の裏地に縫い合わせてまで、それだけは奪われまいと抵抗した。その際、ある古い被収容者に次のように懇願したことも記されている。

ねえ君、聞いてくれ。ここに私の学術書の原稿がある。〔中略〕生命が救《たす》かること、生命一つが無事に救かること、それが全部であり、運命から願える最大のことだということも知っている。だけど私はどうしても我慢できない。〔中略〕実は私はこの原稿をとっておきたいのだ。何とかしてそれをとっておきたいのだ。それは私のライフワークなのだ。（ＰＥＫ『夜と霧』）

強制収容所で、フランクルは一九四五年の冬から春にかけて、他のほとんどの被収容者と同様に発疹チフスにかかった。このとき、彼は意識を失ってそのまま死に至るのを防ぐために夜の大部分を起きていようと努めると共に、小さな紙片に速記用の記号を綴りながら、この本の原稿の再生に取り組んでいた。

後述するように、フランクル自身も、自らが収容所の悲惨な体験にもかかわらず、生への意欲を失わずに生還できた最大の理由の一つが、この著作を刊行することへの執念――言い換えると、この著作において、戦前から長い時間とエネルギーをかけてライフワークとして取り組んできた自らの学説、すなわちロゴセラピーないし実存分析を世に問うことへの執念――にあったと語っている。

実際、この原稿は、解放後、間もない一九四六年に『医師による魂のケア――ロゴセラピーと実存分析の基礎づけ』（*Ärztliche Seelsorge: Grundlagen der Logotherapie und Existenzanalyse*）として刊行されている（霜山徳爾訳『フランクル著作集2　死と愛――実存分析入門』みすず書房、一九五七。山田邦男監訳、岡本哲雄・雨宮徹・今井伸和訳『人間とは何か――実存的精神療法』春秋社、二〇一一）。この本は、『夜と霧』に先立って、それよりも優先して、フランクルが記した唯一の著作だったのである。

だからこそ、私たちは、フランクルの学説が収容所の中でつくられたものだという誤解をしてはならない。そうした誤解も散見されるが、それは、フランクルが収容所の中で抱き続けたこの自らの学説への意欲と執念をないがしろにするものと言わざるをえない。

生家——アドラーの住居の斜め向かいで

フランクルは、一九〇五年三月二六日、オーストリアの首都ウィーンのレーオポルトシュタットに生まれた。きょうだいには兄と妹がいた。

この「一九〇五年ウィーン生まれ」というのは、実は心理療法の歴史の中で重要な意味を持っている。

ウィーンは、心理療法発祥の地である。フロイトやアドラーが生まれたその同じ町で、しかも彼らの全盛期にフランクルは生を受けている。フランクルが生まれた一九〇五年に、フロイトは四九歳、アドラーは三五歳であった。これは、フランクルが、フロイトの学説やアドラーの学説と格闘し、それを超える新たな学説を構築するように運命づけられていたことを意味している。

特に着目すべきは、アドラーとの関係である。フランクルの心理学は、アドラー心理学から生まれたといっても過言ではない。後述するように、一時、フランクルは、アドラー学派の中でかなり重要なポジションにいたのである。そればかりか、もしアドラーからの縁切りがなければ、ひょっとすると自分は最後までアドラー派のままでいたかもしれないとフランクル自身述懐しているほどである。

この両者の関係は、フランクルが生まれた家の場所と、アドラーの住居との位置関係に象徴されているとフランクルは時折語っている。フランクルが生まれて収容所に送られるまでの三七年間を過ごしたウィーンのツェルニン通り六番地。その通りのすぐ近くの七番地、つまりフランクルの生家の斜め向かいにアドラーは住んでいたのだった。

フランクルは、自身の考えとアドラー心理学にはたしかにその方向性に若干の違いはあるけれども、実は両者はこれほどまでに近い関係にあるのだ、ということを示すために、しばしばテレビのインタビューなどで、この件に触れている。アドラーとの関係については、両者が実際に親交を持つ青年期のところでまた触れることにして、フランクルの生い立ちや、少年期のエピソードに話を戻そう。

フランクルの誕生と両親

母エルザはプラハの貴族の家系に生まれ育った人で、叔父にはオスカー・ヴィーナーという詩人がいた。プラハの有名なマハール、ラビ・レーブの子孫でもある。

父ガーブリエルは、チェコの東南部にある南モラヴィア地方の生まれで、製本業者の貧しい家庭の子どもとして育った人だった。医師志望だったガーブリエルは、寝食を忘れて学問に打ち込んだが、残念なことに経済的な理由で断念せざるをえなくなった。学位取得の口述試験の直前に勉学を断念した。ユダヤ人であったためか、軍医への道が閉ざされると共に、奨学金も得られなかったのだ。ガーブリエルは、一〇年間議会の速記の仕事をした後、国家公務員となり、マリーア・フォン・ベルンライター大臣の個人秘書として二五年間勤務した。

ここで興味深いのは、父ガーブリエルが配属されたのが、児童保護・青少年福祉局であったということである。後述するようにフランクルは二四歳のとき、うつ状態の若者のための「青少年相談所」を設立し、主に学生や失業者の相談活動に取り組んでいる。フランクルは、これは父親の仕事の影響によるものだと述懐している。つまりフランクルが人間の生きる意味への希求の問題に関心を持ったことには、父親の仕事も影響を与えているのだ。

フランクルはこうして、貴族の家系の母と医師を志望しながら断念した官公庁職員との間に生まれ育った。

では、父親と母親は、息子フランクルにとってはどういう存在だったのか。

フランクルの母親は優しかったが、父親は厳格で、父からは子どもの頃、毎週金曜日の夜にヘブライ語でユダヤ教の祈禱書一章を朗読するように命じられていた。しかし、その厳格な父親は同時に、いつも自分を守ってくれる「正義の人」でもあった。

そうした信頼と尊敬の念の表れであろうか。あるいは、父の未完の行為を果たそうとしたのであろうか。フランクルは三歳の時点で既に医師になる決意を固めた。父親に喜ばれたことは言うまでもない。もっともフランクル自身の述懐によれば、この当時、船乗りや士官が人気の職業で、この二つを同時に叶えるためには、船医にも軍医にもなれる医師になればいいと考えたということである。いずれにせよ、医療の実践と研究に少年フランクルが強い関心を抱いていたことは間違いない。

「生きる意味への問い」の芽生え——四歳

そして、その後のフランクルの人生を方向づける「決定的な出来事」が四歳の時点で早くも起こる。

一九〇九年、フランクルがまだ四歳の日のある晩、眠りに落ちる前に、突然、次のような考えに襲われたのである。

これも四歳の時であったと思う。ある晩、眠りに入る直前にはっと飛び起きたことがある。自分もいつかは死なねばならないと気づいたからである。しかし私を苦しめたのは、死への恐怖ではなく、むしろただひとつ、人生の無常さが人生の意味を無に帰してしまうのではないのか、という問いであった。（WNMF『フランクル回想録』。以下『回想録』と表記）

その日から、少年フランクルの心には、この考えが何度も繰り返しやってきた。そしてこのとき、「自分はこの問いに対する満足のいく答えを見つける義務があるように感じた」とフランクルは語っている。

わずか四歳のフランクルをとらえた「人生の意味を問う」という問い——人間はいずれ死んでしまうというのに、それでも人生に意味はあるのか。あるとすればそれは何か——僕が生きていることの意味って何なんだろう——この問いは、その後のフランクルの学問と人生の方向性を決定づけていくことになる。ここで注意すべきことは、フランクル少年が取りつかれたのは、「死への恐怖」ではない、ということである。人生がいずれ消えゆくはかないものであることをふまえた上で、「そのはかなさは果たして人生を無意味にするのか、それとも、人生ははかなくても意味があると言えるのか」という問いであったということである。

「人間は誰もが死ぬ」ということに気づいて、恐れや不安を抱く子どもは少なくない。しかし、ふつうの子どもは（また大人の多くも）、その漠然とした恐れや不安どまりである。けれどもフランクルは、幼年時から既に、死に対する恐れから逃げず、さらに積極的に「果たして死は人生を無意味にするのか。人間がいずれ死ぬ存在だということをふまえた上で、それでも人生は意味があると言えるのか」と問うていった。このエピソードは、フランクルの精神的知性が並外れたものであったことを教えてくれる。

フランクルは、現時点での「人生の意味の問い」についての最も満足のいく答えは、次のようなものだと言う。

人間存在のはかなさは、ある単純な理由で、人生を無意味にしはしない。というのも、過去においては失われるものは何もなく、むしろすべては失われることなく護られてあるからだ。過去にあるものは、したがって、人生のはかなさから護られているし、救われている。私たちがかつておこなったこと、私たちがかつて体験したことを、私たちは過去の中へと救い出す。何事にも、誰にも邪魔されずに、それはそこにとって置かれるのだ。

過去におこなわれたこと、体験されたことは、それが過去のものであるからこそ、何ものにも邪魔されることなく、確実にそこに刻まれ、永遠にとって置かれるのだ。

何かに護られている――五歳での原体験

このように、「人生の意味の問い」に四歳のときから捕らわれていたというと、何やら陰鬱な少年の顔を連想してしまう。学校でもいつも一人でいて、「俺はお前らとは違うんだ」とばかりに、高慢ちきな表情をしてお高くとまっている少年の顔を連想するかもしれない。

しかしそうではない。フランクル少年は、いたって健全な子どもであった。

フランクルは、子どもの頃を回顧して、自分は自然と「護られた感情」を与えられて育ってきたように思う、と語っている。具体的な場面としては、次のような思い出が語られている。フランクルが五歳のときにある避暑地の小さな森で過ごしていたときの思い出である。

ある朝、彼が眠りから覚めて、けれどもまだ瞼を閉じたままでいると、言葉にしようがないような至福の感情、「何かに護られている感情」に包まれたというのである。目を開けると、彼の父が腰をかがめて微笑んでいる姿が目に入ってきたという。両親の温かい愛に包まれて育った様子が浮かんでくる。両親の愛に包まれ、たえず「自分は護られた存在である」という感情を抱きながら育った。それが、フランクル少年の基本的な生活感覚であったようだ。

ここで、実存哲学的な教育思想家として著名なオットー・フリードリッヒ・ボルノウ（一九〇三―九一）の「被護感（die Geborgenheit）」のことを思い浮かべる方も少なくないだろう。何かに護られてある、というこの感覚が、人間の心が健全に育っていくためには必要なものなのだとボルノウは言うのである。フランクルの少年時代は、まさにこの「被護感」に包まれたものであった。そこにあるのは、安心、安全の感覚。自分は「心の安全基地」としての家庭の中にいる、という感覚である。この感覚に包まれて、フランクル少年の心は健康に育っていた。健康に育っていき、安心感に支えられていたからこそ、「人生の意味」を問うという、ある種の危険性を伴う思索を重ねることもできたのだろう。

フランクルの少年時代のこの「被護感」こそが、彼の生命としてのたくましさ、心理学的に言えば「レジリエンス」（心の回復力、復元力）の高さにつながり、それが彼の収容所での生存にもつながった大きな要因の一つだと考えられる。

またフランクルの思想は、心理療法の理論としては、どちらかと言えば「意味への意志」や「決断」といった人間の心の健康な側面、肯定的な側面にばかり焦点を当てたものと捉えられることが少なくない。たとえばユングやフロイトらの深層心理学に比べれば、人間の心の闇の部分、病理的な側面への理解が不十分な浅薄な理論と捉えられることも少なくないのである。

たとえば、フランクルに対してそのような批判を行った一人は、米国における代表的な実存心理学者のロロ・メイ（一九〇九―九七）である。メイはフランクルのみならず、現代カウンセリングの礎を築いたカール・ロジャーズ（一九〇二―八七）やトランスパーソナル心理学の理論的基盤を構築したケン・ウィルバー（一九四九―）らの理論に対しても、同様の批判（人間の心の闇の部分に対する理解が浅薄で楽観主義的すぎるとの批判）をおこなっている。また、フランクルに対しては、独裁主義と紙一重であるとの批判もおこなっていた。

フランクルのこうした楽観主義的傾向、人間に対する肯定的な眼差しの背景には、フランクルの幼少期が被護感に包まれた安心感に満ちたものであったことが大きく影響していると思われる（なお、フランクルとメイは、一九九〇年に行われた心理療法の発展に関する会議ではじめて対面し、その折に数時間にわたる会談をおこなっている。その後、メイはフランクルに対して、これまでフランクルやロゴセラピーに対して自分は誤解していたということを率直に認めている）。

子どもの頃の話に戻ろう。大自然と「被護感」に包まれた避暑地での思い出は、第一次世界大戦によってそれが続行不可能になるまで続く。避暑地でのバケーションにおいては、フランクルの両親と親交のあったある女性が彼の家庭教師になった。この女性との関係がフランクルの「思想家」としての資質を育むうえで大きな刺激になっている。少年フランクルは、この女性家庭教師に対して遠慮なしに、ひっきりなしに問いを投げかけていったようだ。

「我々と世界のプロセス」――中学時代

中学生のときのフランクルには、彼の後の仕事を示唆する次のようなエピソードも残されている。

フランクル一三歳、彼が中学生のときのこと。ある理科の教師が、生命は結局のところ燃焼過程であり、酸化過程にすぎないと言ったのに対して、少年フランクルは立ち上がった「フリッツ先生、もしそうだとすれば、生命はいったいどんな意味を持っているのですか」と反論したのである。（ＰＥ）フランクルはこれを、自分が受けた教育の場が、どんなに還元主義にさらされていたかを物語る思い出として語っている。

フランクルの家族写真（後列右がヴィクトール）

次に中学生から高校生のときのフランクルの心を魅了したのは、自然哲学（Naturphilosophie）の考え、とりわけ、ヴィルヘルム・オストヴァルト（一八五三―一九三二）やグスタフ・テオドール・フェヒナー（一八〇一―八七）の思想であった。少年フランクルは、一四歳のときに両者の作品の多くを読了し、一組の大学ノートにびっしりと書き込んで、「我々と世界のプロセス」というタイトルの論文を学校に提出している。ここでフランクルは、ミクロコスモスとマクロコスモスの両方に、ある普遍的な調整の原理が働いているという確信を表明している。このような考え方は、後に彼のデビュー作『医師による魂のケア』の中で再び提出されている。

またこの頃、少年フランクルはある種の「覚醒体験」をしている。フランクルが再び避暑地に行き、ドナウ河を汽船で上流へと向かっているときのこと。深夜、一人でデッキに出て寝そべりながら、「私の頭上の星のきらめく天空と、私のうちなる調整の原理とをじっと眺めているうちに（ここで私はカントを念頭に置いている）、私には〝アハ体験〟が与えられたのです」（ÄS）とフランクルは語っている。この体験がどんな類のものであったかについては「ニルヴァーナ（涅槃）は内的に見られた熱死体験ということ」としか、記されていない。けれども彼にとってきわめて魅力的に映ったこの体験は、後に夜の考えと昼の考えの違いについての関心を育んでいき、それがさらに、フロイトの『快楽原則の彼岸』に対する関心へと展開していった。

フロイトとの出会い——高校時代

ギムナジウム（日本では高校にあたる）に入学したフランクルは、夜間に成人のための教育施設である成人学校（Volkshochschule）に通い始め、応用心理学、実験心理学などの講義をとっている。ここで、フランクルは実験心理学の成立に大きな影響を与えたフェヒナーの思想に触れている。フロイトの精神分析についての講義は、フロイトの弟子であるシルダー（一八八六—一九四〇）とヒッチュマン（一八七一—一九五七）から受けている。

この講義におおいに魅了された一六歳のフランクルは、大胆にもフロイトに直接、手紙を書いている。これに対して、フロイトからも即座に返事が届いた。フランクルの記憶では、フロイトからの返信はいつも三日以内に届いたとのことである。

一六歳のフランクルと六五歳のフロイトの文通は二年間に及んだ。この往復書簡がもし残っていれば、貴重な研究資料として大きな関心を呼ぶことであろうが、残念ながら、すべての資料はフランクルが収容所に捕らえられた時点で失われてしまった。

あるときフランクルは、手紙の中に一本の短い論文を同封した。「身振りの肯定と否定の成立について」というタイトルの二ページの論文である。一七歳になっていたフランクルは、「これを発表できるかもしれないというような野心も期待もないことをここに誓います」と書き記していたが、いつものように三日後に届いたフロイトからの返事には、次のように記されていた。「フランクル君、心のこもった手紙をありがとう。原稿は、『国際精神分析ジャーナル』の編集長に直接渡しておきました」。

結局、この論文は、フロイトの推薦によって、二年後の一九二四年に『国際精神分析ジャーナル』に掲載されることになった。フランクル一九歳のときのことである。けれども、論文が掲載されたその時点では既に、フランクルの関心はフロイトの精神分析からアドラーの個人心理学へと移っていた。

フランクルの中で、フロイトからの影響が顕著だったのは、高校の卒業論文までである。当時、ウィーンのすべてのギムナジウムでは、大学で学ぶ資格があることを示すために卒業論文が課されていた。フランクルの卒業論文の題目は、「哲学的思考の心理学について」というタイトルのもので、シヨーペンハウアー（一七八八―一八六〇）の病跡についてフロイトの精神分析理論によって考察したものであった。

一七歳のフランクルの心がフロイトから離れていった理由は何か。それは、フロイトの精神分析の持つ還元主義に対する反感であった。フロイト理論は、すべてをリビドー（性の衝動）から説明しようとする還元主義の色彩が濃厚であった。フランクルは、徐々にそれに疑念を抱き始めたのだ。先に見た、理科教師に対して反論をおこなったエピソードがそれを物語っている。

フランクルがフロイトと直接に出会ったのは、一度きり。しかもウィーンの街中で偶然に、であった。一九二五年、二〇歳のフランクルがウィーン大学の医学生であったときのこと。フランクルが大学の近くにあるモティーフ公園を散歩していると、フロイトらしき老紳士が前を横切った。当時のフロイトは、娘の死、四歳の孫の死、姪の自殺などの出来事が重なり、深く絶望していた時期であった。さらに顎と口蓋に癌が発見されて、自殺を考えるほど落ち込んでいた。そのため、あまりに年老いて見えたので違う人ではとも戸惑ったが、しばらくあとをつけていくと、歩く方向がフロイトの自宅の方向であったので、フロイトであると確信して声をかけたのであった。

するとフロイトは何と、「ウィーン第二地区、ツェルニン通り、第六アパート二五室、ヴィクトール・フランクル君だね」とフランクルの住所を暗唱したという。その記憶力に驚嘆するほかないが、かつて二年間定期的に文通していた高校生当時のフランクルの住所を、その三年後になったそのときでも、フロイトは完全に記憶していたのである。

人生の意味

フランクルは一七歳のとき、早くも彼が通っていた成人学校の哲学の講師を頼まれている。選んだトピックは何と既に「人生の意味」であった。しかも一七歳のときのこの講義で、フランクルは、後に彼の思想の骨格をなすことになる、次の二つの論点を既に主張していたという。

①人生は、人生の意味についての私たちの問いに答えてはくれない。けれども人生は、その問いをむしろ私たちに投げかけてきている。何が意味に満ちているかを決めることによって、問いに答えていかなければならないのは私たち人間の仕事である。

②人生の究極的な意味は、私たちの知性の及ぶ範囲を超えている。けれどもそれは、それによってだけ私たちが生きていくことのできる何かである。それを欠いては、ただ知的に人生の意味を捉えるにとどまってしまう。

四歳のときに芽生えた「人生の意味」についての問いを、フランクルは一七歳の時点でここまで問い進めていたのである。この時点で既に、「人生が私たち人間に問いを発してきている。だから人間は人生からの問いに答える責任がある」というロゴセラピーの基本仮説は形作られていたのである。

フランクルの思想の骨格は彼の幼少期から思春期・青年期にかけて既に形成されていたことを立証す

るエピソードである。

当時のオーストリアは、一九一九年の第一次世界大戦後の講和条約によって国土は四分の一に、人口はかつての三分の一に減るという特殊な状況下にあった。それでも二〇〇万人が住むウィーンは、体は小さいのに頭だけが膨れ上がっているようであった。「この新しいオーストリアが存続する意味は何か」「そこには何か意味が見出せるのか」といった空虚感が、個人レベルでと同様、国家全体を覆っていた。

一九一〇年代のドイツにおいて、いわゆる「キルケゴール・ルネサンス」が起こる。それまでデンマークの一哲学者でしかなかったキルケゴール（一八一三―五五）が「再発見」されて、後の実存主義の土台となっていったことはよく知られている。カント流の理想主義（なすべきことは、なしうるはずである）の自己欺瞞が暴かれ、「〜すべきでもなしえない」という生々しい現実の姿が露呈されていった時代の気分に、「絶望の哲学者」キルケゴールはよくフィットしたのである。幼少期・思春期のフランクルが、「人生の意味」をこれほど真剣に問うていったことには、こうした時代状況も関連しているだろう。

アドラーとの出会いと別離

アドラー心理学は、フランクルにとってある意味でフロイトのそれ以上に大きなバックボーンとなっている。思想の内容は、兄弟とまではいかなくとも、いとこ同士と言える程度には重なっている。

ではフランクルは、どのようにしてアドラーから影響を受けるに至ったのだろうか。

アドラーが個人心理学を形成したのは、フランクルがその多感な思春期を過ごしていた第一次世界大戦前後の混乱期であった。当時のウィーンでは、社会民主党の政府が教育、社会福祉、看護などの分野にリベラルなプログラムを取り入れていた。問題児のための児童相談所や学生や若い労働者のためのカウンセリング・センターも設立されていた。そうした中で、社会民主主義者を自任していたアドラーの理論は大きな支持を集めた。ウィーンの文部省からの助成金も獲得できた。個人のライフスタイルは人生のごく早い時期に形成されるのだから子ども時代にこそ多くの支援がなされるべきだというアドラーの考えが、当時の政権の立場にフィットするものであったのである。

ウィーンの新しい学校システムは生徒自身による主体的な参画を求めるものであった。それは生徒の共同体と呼ばれていた。そんな中でアドラーは、生徒に個人カウンセリングを受けさせることで、彼らの学校での態度や行為、そして人生の意味を求める動機に関して人格的な責任感を育むことができると提案した。人生の意味について強い関心を抱いていたフランクルが、アドラーのこうした考えに共感を覚えたのは、自然なことであった。

タイミングもよかった。ウィーン大学に進学し医学生となったフランクルは、最初、皮膚科か婦人科に進もうと考えていたが、最終的には精神科医になる選択をした。フランクルが最も関心があったのは哲学と医学であったが、精神医学は、哲学に対する関心と医学に対する関心の双方を同時に満たしてくれるものであるように思えたからである。

社会民主主義の風が吹く中、フランクルも、政治活動に熱心に取り組んでいった。中学・高校時代を通じて、社会主義労働者青年団の役員を務めていたし、一九二四年には全オーストリア社会主義中高校生連盟の代表理事を務めていた。こうした中で、同様に社会民主主義者であったアドラーと個人心理学協会とに魅了されていったのである。

アドラーを代表に仰ぐ個人心理学協会の中でフランクルは最年少のメンバーであったが、その活躍ぶりは誰もが注目するものであった。一九二五年、フランクル二〇歳のときに『国際個人心理学雑誌』にフランクルの「心理療法と世界観」という論文が掲載された。それからフランクルは協会で最もよく知られた会員の一人となり、一九二六年フランクル二一歳のときには、ドイツのデュッセルドルフで開催された国際個人心理学会で論文を発表している。しかしこの時点で既に、フランクルの発表内容はほぼ現在のロゴセラピーの内容となり、個人心理学の基本的な枠組みからは外れていく。

フランクルがアドラーに対して最も大きな違和感を感じたのは、神経症の捉え方とその治療の方向性についてであった。アドラーは神経症について、背後に潜んでいる不安定な劣等感に気づかせ、その上で劣等感を克服するようにと教える。要するに、彼らを勇気づけて人間共同体に連れ戻すのである。アドラーによるこの説明にフランクルは納得がいかなかった。フランクルは次のように言う。

（一九二六年に）私はデュッセルドルフで開かれた国際個人心理学会で基調講演をすることになったが、すでにその時は、正統派から逸脱せずにそれをおこなうことはできなくなっていた。ノイローゼ（神経症）は、実際にいつでもどこでも、彼らのいう「協調的性格」説の意味で、目的のための手段にすぎない、という考えに私は反論した。私はあくまで別の可能性、すなわちノイローゼは（たんなる「手段」としてだけではなく）「表現として」も解釈すべきだ、たんにインストゥルメンタル（手段的）な意味だけではなく、エクスプレッショナル（表現的）な意味を持っている、と主張したのである。（WNMB『回想録』）

個人心理学協会からの除名

フランクルのアドラーからの離別には、個人心理学協会の会員でありながら自由な批判精神も持ちあわせていた二人の人物、アラース（一八八三―一九六三）とシュヴァルツ（一八八三―一九四九）が大きくかかわっていた。フランクルは、アラースがつくった感覚生理学実験室で働いたり、心身医学を基礎づけたシュヴァルツの考えに刺激を受けたりしていたが、大きな刺激と影響を常に受けていたこの二人がフランクルより先に個人心理学協会から離脱したのだ。

アラースとシュヴァルツは自分たちの考える人間学的な考えが個人心理学協会で認められなかったがために、ウィーン大学の大講堂で、アドラーからの「訣別宣言」をおこなった。フランクルにはまだ、協会に残っていたい未練があったので、アドラーと二人の間に入って調停役を果たそうとした。しかし、次第に溝は深くなっていく。二人が脱会してもフランクル自身はまだ協会にとどまってはいた。しかし同時にフランクル自身の独自の考えを打ち出した個人心理学研究誌『日常生活における人間』を自分で発刊するようになる。

こうした動きを知ったアドラーは次第にフランクルに話しかけなくなった。フランクルがカフェでアドラーのテーブルの近くに座っても、アドラーはフランクルと一言も話をせず、挨拶にもろくに応えてくれなかったという。そのうち、協会を辞めてほしいというアドラーからのメッセージが届けられるようになり、フランクルはそれに抵抗したものの、最終的には除名されてしまったのである。アドラー自身、一時はフロイトの設立した国際精神分析学会の会長にまでなっているにもかかわらず、フロイトによって除名処分にあっている。歴史は繰り返されたのである。

フランクルのアドラー心理学への傾斜はかなり強いものであったため、晩年に至っても、フランクル自身は、しばしばアドラーの個人心理学への愛情を表明していた。特に、ウェクスバーグ（一八八九—一九五七）、ドライカース（一八九七—一九七二）、アドラーの娘のアレキサンドラ（一九〇一—二〇〇一）といった数人のアドレリアンとは、晩年に至るまで親交を続けていた。一九六九年にフランクルがカリフォルニア州バークレイでおこなったある講演では、アドラー心理学との異同に関する質問に答えて、次のように言っている。

私はウィーンのアドラー協会の末っ子でした。二〇歳の頃です。もし私が、彼より二、三歩前に進んでしまったばかりにアドラーから除名されることがなければ、私はおそらくまだ個人心理学者でいたでしょう。反対に、もしアドラーがまだ生きていれば、私の新しい考えに賛成してくれるはずだ、とも思っています……。

フランクルのアドラー批判

フロイトは、人間は過去に支配され、コントロールされる生き物だと考えた。これに対してアドラーは、人間は、過去にではなく、自分が選んだ「目的」によって支配されコントロールされる生き物だと考えた。人間は自分の目的を自覚的意識的に選択するのであるが、いったん選択したならばそこに因果法則が作用し始めて、自分の選んだ目的に支配されコントロールされ始める、というのである。これに対してフランクルは、人間を動かしているものは、「意味」であると考えた。

フランクルは言う。

フロイトの精神分析とは違って、アドラーの個人心理学では人間を衝動に駆り立てられている存在としてではなく、目的に向かっている存在として理解する。しかしアドラーの言う目的というのは、注意深く吟味すれば、実際は、人間の自己や心理を超えるものではないことが明白である。その目標は、むしろ心内的（intrapsychic）なものと考えられていて、人間の努力というものも、最終的には、自分の劣等感や自信のなさと折り合いをつけるための単なる手段とみなされているのである。（UCM）

フランクルは、人間の精神の本質的な特徴は「志向性」にある、と考えた。自分ではない何かへと向かっていくところに、人間の精神の本質はある、と考えたのだ。たとえば、愛。誰かを愛するときに、人は、その愛する人のもとにある（Bei-sein　バイ－ザイン）。この、自己超出的な精神の働きこそ、人間精神の本質である。自らを超え出て、ほかの何か、ほかの誰かに差し向けられる。そしてその何か、誰かのもとにある。この自己超出性にこそ、人間精神の現実性がある。

これを「心内的」に、つまり、愛の衝動が個人の心の内側にあると考えると、人間精神の本質を見誤ってしまう。愛する人と切り離されて、生来的に備わっている愛の衝動などというものは、存在しない。にもかかわらず、そうしたものを個人の心の内側に想定するのはナンセンスである。個人の「心」というパッケージの内側に、いくつかの「心のパーツ」が包まれているかのような心のイメージは精神の本質を見誤っている。愛の衝動や、生の衝動や、死の衝動といった部品（パーツ）が「心」というパッケージ（容器）の中に入っているかのように考える多くの心理学理論は、人間精神の根本特徴を捉えそこなっているとフランクルは、考えたのである。

フランクルによれば、アドラー心理学もこれと同じ過ちを犯している。人間は、何らかの目的に向かって生きているというアドラー心理学の目的論は、一見、自己超出的である。しかし、いったんたとえ無意識にであれ、「私は不幸である」とか「不幸な私は変われないし、変わらない」といった「目的」を選択してしまった人間は、その目的に無意識に支配され始める。「変わらない」こと自体が目的となり、「変わらない」ための行動をとり始める。「変わらない」ことを無自覚に選んだ人間は、

「変わらない」ということ自体を目的として、すべての行動をとり始めるのだ。

「変わらない」ことで余計なリスクをとらずに「傷つかない」こと自体が目的化し始める。ここに働いているのは、心内的な因果法則だ。フランクルは、そう指摘する。

アドラー心理学の基本構造についてのフランクルのこの指摘はおそらく正しい（もっともこの判断は、アドラー心理学の専門家ではない私の力量の範囲を超えている。前述のように、一時期アドラー心理学の専門家であったほどアドラー心理学にくわしいフランクルが、「よく吟味してみて初めてわかったことだ」と言っているほどなのだから）。しかし、フランクルの指摘の正否にかかわらず、アドラー心理学の魅力は、共同体感覚などの概念と並んで、人間は無自覚にであれ自分が選んだ目的に支配され始める、という心の法則を見抜いたところにある、と私は思う。

「私は変われないし、変わらない」「私は不幸なままだ」という「目的」を選んだ人間は、「不幸なまま、変わらない自分」でいるという「目的」をかなえるために、あれこれを考え、行動するようになる。人間は、自分で選んだ目的に支配されている――アドラー心理学のこの考えは、「なぜ人が変われないのか」「なぜ人は、そのようにすれば不幸にとどまることを知っていながら、同じことをし続けるのか」という現代人の多くが抱えている問いに明確な回答を与えてくれる。

それは、あなた自身が「不幸な自分でいる」ことを「選んでいる」からなのだ。

反対側に位置するが、距離は近い

残念なのは、アドラーの思想内容が、フランクルとの訣別後、一九二〇年代後半から一九三七年に亡くなるまでの約一〇年間に明らかにフランクルの考えに接近していったように見える点だ。一九三一年の『人生はあなたにとって何を意味すべきか』(*What Life Should Mean to You*／高尾利数訳『人生の意味の心理学』春秋社、一九八四)、一九三三年の『人生の意味』(*The Meaning of Life*)、エルンスト・ジャンとの共著『個人心理学と宗教』(*Religion and Individual Psychology*)と、著作のタイトルを並べてみるだけでもそのことは明白であろう。したがって、両者が関係を修復しないまま、しかもフランクルの本格的なデビュー前にアドラーがこの世を去ったことは、たいへん残念なことに思われる。もしもアドラーがフランクルを除名せずに関係が良好なまま維持されていたならば――もしかすると、フランクル心理学はアドラー心理学のニューバージョンの一つとして展開されていたかもしれない。

フランクルは晩年に至るまで、アドラーにアンビバレントな感情を抱き続けた。次のようなエピソードも残っている。心理療法に関するあるテレビ番組で、フランクルは自分の生家、ウィーン市内のある通りの家番号六番の玄関の前に立って、インタビューを受けたことがある。そこでアドラー心理学について質問を受けたフランクルは、こう答えたというのだ。

どうぞカメラを回して向かい側の家、七番の家を映してください。

そこには、かつてアドラーがこの家に住み、仕事をしていたと記されている看板が立っている。そしてその向かいにある六番の家には、そこがフランクルの生家であり、一九四二年に強制収容所に送られるまで居住していたことを記す看板が立てられている。

面白いと思いませんか。私の家とアドラーの家とはちょうど反対側に位置しているのです。けれども距離は最も近いのです。象徴的でしょう。このことは私たちの理論にも当てはまるのです。

フランクルはよく親しい人に、フロイト、アドラーと自分の違いを説明するためにイラストを書いてプレゼントしていた。私がロゴセラピーを教わった故・高島博氏から見せていただいたイラストでは、フロイトは葉巻をくわえてカウチに横たわっていて、アドラーは煙草をくわえて椅子に座っていた。そして自分自身はノースモーキングで電話の横に立っているのであった。

シェーラーの現象学的価値倫理学

『夜と霧』の旧版の訳者である霜山徳爾氏がフランクルの家を訪ねた折に「彼のおよそ飾り気のない

書斎の壁に、ちょうど一対のように、マックス・シェーラー（一八七四―一九二八）の写真とフロイトの写真とが掲げてあった」（『神経症2』「訳者あとがき」）（TTN）という。フランクルの思想形成に、フロイト、アドラーと並んで――内容的にはそれ以上に――大きな思想的影響を与えた人物が、現象学的価値論で知られる哲学者、マックス・シェーラーであることは間違いない。フランクル自身、自ら執筆したロゴセラピーの入門書の冒頭で、「ビンスワンガーの仕事は、結局ハイデッガー派の概念を精神医学に応用したことであり、他方ロゴセラピーは、マックス・シェーラーの概念を心理療法に応用した結果であると主張する学者のいることは言及するに値しよう」（WM）と書いているほどである。

フランクルがシェーラーの思想を知ったのは、アドラー派の「自由な批判的精神の持ち主」、ルドルフ・アラースを通してであった。アラースはオーストリアの精神医学者であるが、青年期にミュンヘンの現象学者たち、特にマックス・シェーラーと密接な接触を持っていた。現象学、実存主義と精神医学の関連を論じた著作が日本でも翻訳されている。（現代精神分析双書、西園昌久・板谷順二訳『実存主義と精神医学』岩崎書店、一九六五）

アドラーの個人心理学協会でアラースに出会ったフランクルは、アラースから教わったシェーラーの価値論に大きな衝撃を受けた。フランクルはこう述べている。

この頃、私は決定的に眠りから目覚めさせられました。つまり自らの心理主義から目覚めさせ

られたのです。（ÄS）

この当時のフランクルは、シェーラーの主著『倫理学における形式主義と実質的価値倫理学』（*Der Formalismus in der Ethik und die materiale Wertethik*, 1913-1916）をあたかも聖書のごとくに常に持ち歩いていたという。

では、シェーラーの価値倫理学とは、どのようなものか。フッサールとの出会いを経て、カント哲学から現象学に転向した哲学者シェーラーの「実質的価値倫理学」は、カントの「形式的価値倫理学」に対抗して打ち出されたものであった。

ア・プリオリ（先験的）なものを理性的なもの・形式的なものと同一視したカントに対して、シェーラーは、情意的なものにもア・プリオリな価値があるとみなして倫理学の新局面を開拓した。価値には快・不快の様相、高貴・卑俗の様相、精神的な価値の様相、聖なる価値の様相、という四つの実質的な序列がある。高次の価値、たとえば愛は、選び取ることによって与えられるものであり、愛において価値領域は増大し、憎しみにおいてそれは狭まる。新しい高次の未知の価値は、愛の動きの中でのみ閃くのである。

シェーラーが創案したいま一つの領域は「哲学的人間学」である。J・v・ユクスキュル（一八六四―一九四四）の環境世界論やゲシュタルト心理学などの当時の新しい動向の哲学的な意味を明らかにしたもので、一九三〇年代以降の生命科学に大きな影響を及ぼした。シェーラーは、動物はその環境世界の構造に完全に閉鎖的に適合している（世界繋縛性）のに対して、人間は環境世界を独自の仕方で遠ざけ距離をとることによって、もっと広大で自由な場としての世界に開かれている（世界開放性）と考えた。世界開放性にこそ、人間の独自性があると唱えたのである。

シェーラーの哲学的人間学における「世界開放性」の概念は、フランクル流にバージョンアップされて次元的存在論や自己超越性の概念として結晶化している。それは、「意味」「意味への意志」「人生からの問い」などの概念の形をとることになる。フランクルの著作を読むと、「人生の意味」「価値」「人生からの問い」「人生からの期待」といった概念が、人間の主観からは独立したものとして、実在性をもって語られていることに違和感を持つ方も少なくないだろう。

多くの人はこれをただポエティックな（詩的な）表現として看過するだろう。しかし、フランクルはあえて意図的に、現象学的な意図をもって、主観を超え出たものとして価値や意味、人生からの問いについて語っている（後述するように、フランクルは、価値や意味について、「客観的」という表現を避け、「超主観的」という表現を用いている）。ここには、シェーラーの実質的価値倫理学がダイレクトな影響を与えているのである。

「心理学主義」への批判

シェーラーの実質的価値倫理学の大きな特徴は、価値の実在性（リアリティ）である。何を価値あるものとし、何を価値なしとみなすかは、人によって異なり、さまざまである。だから、価値は主観的なものであり相対的なものにすぎない、とみなす見方がしばしばなされる。しかしこの、価値は主観的にすぎず相対にすぎないとする見方が、現代の虚無主義（ニヒリズム）的な言説の背景にあるのはたしかである。

シェーラーの実質的価値論に多くを学んだフランクルは、価値や意味といったものは、主観と別に存在するものではない。つまり客観的なものではない。それはしかし、主観を超え、主観から独立したリアリティを持つものであり、その意味で「超主観的なもの」であると言えると考えた。

価値や意味は主観に、心の中にあるものではない。そうではなく、それは実在性として存在すると考えたのである。この価値や意味の実在性、超主観性は、心理学の諸理論、特に心理療法各派のパーソナリティー理論（人格理論）に対する批判にもつながる。

心理学の諸学派の理論では、人間の心の中に何らかの心理的内容物が入っている、と考える。たとえて言えば、それは、人間の「心」という容器の中に、まるでビー玉か飴玉のように「心理的内容物」が入っている袋（パッケージ）として、パーソナリティーを捉えるものの見方である。そして、人間が強く何かを感じるのは、そのパッケージされた心の内容物が外の何かに「映し出された」（投影された）からだと考える。たとえば、人間が神は存在すると感じるのは、心の中の「父親像」が「投影された」からだと考えるようにである。

しかしこれでは現実に存在するのは、「心の中にある何か」であり、私たちの目の前にある何かは、心の中の内容物が映し出された幻影にすぎないことになる。フランクルは、こうしたものの見方、すなわち、すべては心の中の何かの投影である、とみなす傾向を「心理学主義」としてそれに異論を唱えた。そして心理学主義を克服するには、価値や意味といったものの超主観性を確保する必要があると考えたのである。フランクルのこうした見方に大きな理論的思想的影響を与えたのが、シェーラーの実質的価値倫理学なのである。

フランクルが批判した心理学主義、心という「容れ物」に心的内容物がパッケージされているかのように想定している人格理論のことを、ここでは「心理学的パッケージ論」と呼ぶことにしよう。「心理学的パッケージ論」は、心という容器にどのような「内容物」を想定するかによって、人間に対する見方が決まることになる。

たとえばフロイトは「エロス」や「タナトス」という内容物が、人間の心にはパッケージされていると考えた。ユングは、人間の心には「グレートマザー」や「老賢者」といった「元型」がパッケージされていると考えた。マズローは「安全欲求」や「承認欲求」といった「階層的な欲求」がパッケージされていると考えた。ロジャーズは「自己概念」や「実現傾向」がパッケージされていると考えた。内容物は異なれど、こうした「内容物」が「心という容器にパッケージされている」と考えた点では、理論構成のされ方そのものは等しい。ここで「心理学的パッケージ論」と呼んだのはフランクルではなく私であるが、フランクルはこれを「心内的」という言葉で批判する。

フランクルは、まず意味や価値が主であり、それが人間の心に「呼びかけてくる」と考える。そしてこの呼びかけに応えるところに人間の「心」の本質があるのだという。フランクルをして、このように発想せしめるきっかけを与えたものが、「価値の先験的な秩序」とそれを認識する源泉としての「価値感情の志向的性格」とを説いたシェーラーの現象学的価値論だったのである。このように見てくると、他の心理学理論と異なるフランクル理論のオリジナルな点のほとんどすべてがシェーラーの影響下に考えられたものであることがわかる。

フランクルは、意味や価値は人間の主観を超えている――「超主観的」である――と考えるが、ア・プリオリな価値の序列を説くシェーラーの考えが、その支えとなっている。シェーラーの価値論に見られる価値の反相対主義と反主観主義とが、意味や価値の超主観性を説くフランクルの思想上の支えになったと考えられるのである。意味や価値に向かう志向的な意志の性質が、シェーラーにおける価値認識の源泉としての価値感情の志向的性格に相当することは、説明を要しない。

ハイデッガーとサルトル

シェーラーの次に、フランクルが影響を受けた思想家と言えば、マルティン・ハイデッガー（一八八九―一九七六）であろう。ロゴセラピーの考えは、「ハイデッガーがその主著『存在と時間』（一九二七年、より正確に言うならばその第一部）で素描した実存の概念的把握によることも少なくない」（TTN）とフランクル自身述べている。

フランクルは、彼独自の時間論について、老いの問題との関連において、ハイデッガーが初めてのウィーン来訪で彼のもとを訪ねてくれた際に議論している。そして自分の考えにハイデッガーが多くの類似点を見出してくれたことを誇らしげに語っている。

このようにシェーラーやハイデッガーに対しては絶賛に近い評価を与えるのに対して、同じく現象学的志向の強い思想家であるJ・P・サルトル（一九〇五―八〇）に対しては、フランクルはきわめて手厳しい。たとえば、「実存分析は、現代的哲学のこの開拓者〔引用者註・ハイデッガーのこと〕に対して負うているところが少なくないのに対し、他方ではサルトルの実存主義とはほとんど関係がないのである。ロゴセラピーおよび実存分析が一九三八年に学術出版の形で既にとっくに具体的形態をとっていたのに対して、サルトルの最初の作品は四〇年代になって初めて現れたものである」（TTN）と、サルトルとの間に何の関係もないことを改めて強調している。

また別の個所では、人間は自由であり、自分を超えたものとのかかわりなしで、自ら選択し、自らを発見し、自らを「投企する」というサルトルの考えについて、それは「空中に綱を投げ上げて、それが落ちてこないというインドの手品に似ている」（TTN）とアイロニーを込めた批判をおこなっている。「この手品をおこなう僧侶は、彼が空中に投げた綱を一人の少年がよじのぼることができると信じさせようとするのである。同様に人間は、サルトルによれば、彼のあるべき姿を無の中に投企するのである」。（TTN）

豊富な臨床実践にもとづく理論形成

こうして、アドラー、シェーラー、ハイデッガーらに影響を受けつつ、フランクルは独自の立場を次第に構築していく。一九二六年、フランクルが二一歳のとき、ドイツのデュッセルドルフで開かれたアドラー派の国際学会で異端の発表をおこなったのと同じ年に、フランクルは、数名の精神科医とともに「医学心理学学術協会」を設立し、その副会長を務めた。同年、この協会でおこなった講演においてフランクルは「ロゴセラピー」という言葉をはじめて使っている。この時点でフランクル思想は既にある程度、体系化されていたのである。二一歳にしてロゴセラピーの体系化をある程度なしおえたフランクルは、ひたすらに臨床実践に打ち込んでいく。

一九二九年、二四歳になったフランクルは、医学生の立場にありながら、うつ状態の若者のための「青少年相談所」を自ら設立し、主に学生や失業者の相談活動に取り組んでいく。この相談所の特徴は、若者たちが無料で、しかも匿名で相談を受けることができるようになっていた点にあった。無料の青少年相談所は活況を呈し、フランクル自身が担当したケースだけで九〇〇件に及んだ。

青少年相談所の成功は評判を呼び、それを手本にした同様の相談所がケムニッツ、チューリッヒ、プラハ、ドレスデンなどで開設された。デュッセルドルフ、ベルリン、フランクフルト、ブダペスト、プラハなど多くの都市に、まだ二〇代半ばのフランクルは講演旅行に招かれた。

二〇代のフランクルは、カウンセリング・センターのきわめてアクティブな経営者だったのである。フランクルに直接会った人、とりわけ五〇代、六〇代のフランクルと会った人間の多くが、あらかじめ抱いていた「重厚な思想家」という印象とは異なり、「精力的な実務家」という印象をフランクルに抱いたと述べる。これはフランクルの印象を正しく捉えていると思う。

また同時期にフランクルは、成人学校で「精神衛生学」の授業を担当している。このような経験が買われたのであろうか。フランクルはまだ学生の身分でありながら特別に、大学に援助を求めて訪ねてくる患者に対して心理療法をおこなうことを許可されていた。この時期におこなった臨床実践について、フランクルはある雑誌のインタビューの中で、次のようなエピソードを披瀝している。

私はフロイトやアドラーらからも学びましたが、それ以上に大きかったのは患者から学んだことです。

一九二九年、私はまだ医学生でしたが、大学のクリニックでスーパーヴィジョンなしで治療をおこなうことを許されていました。ある患者さんのことを思い出しているのですが、彼は何年間もカウチに座って精神分析を受け、また催眠療法も受けていたのですが何の効果も得られずにいました。これは広場恐怖のケースで、開かれた場所に行くと、卒倒するのではないか、失神したり発作が起きたりするのではないか、という恐怖に苦しめられていたのです。

オーストリアに「目的のない恐怖よりも恐怖のある目的のほうがましだ」という言葉がありま す。そこで私は彼に言いました。「いつまでも恐怖症に苦しんでいるのをやめて、通りで卒倒しよう、失神しよう、発作を起こしてみよう、とされてはどうですか。家を出たら何が起こるだろうと心配するのをやめて、まずは外出してみて、こんなふうに強く念じてみてはいかがでしょう。「卒倒しよう、失神しよう、発作を起こしてみよう」」と。

しばらくするとその患者は卒倒し発作を起こすために外に出ていきました。すると彼は平気だったのです。一週間後、私は彼にたずねました。「いかがですか」。「上々です」。「どうしたらそんなにうまくいったのですか」。私は彼が話したことはよく覚えていますが、その前に自分が何を話したかはあまり覚えていなかったのです。彼は言いました。「先生、あなたが言ったんですよ。通りで卒倒しよう、失神しよう、発作を起こしてみようと強く念じなさいって」。

こうして私はロゴセラピーを学んだのです。（HFML）

このエピソードは、一九三九年に「逆説志向（paradoxical intention）」と命名されることになるテクニックの誕生に関するものである。一九三〇年、二五歳になったフランクルは、神経学と精神療法の専門医として大学のクリニックなどで勤務を始める。一九三三年から三七年にかけて、つまりフランクル二八歳から三二歳の折に、精神科病院アム・シュタインフォークに「自殺者病棟」の主任として勤務し始め、毎年ほぼ三〇〇〇人の患者を診ている。二〇代後半から三〇代前半というのは、多くの人にとって最も精力的に仕事に打ち込み、仕事を覚える年代ではないだろうか。その頃に毎年ほぼ三〇〇〇人の患者を診療していたことが、フランクルの臨床的見地の骨格をつくっていった。

ヒトラーの安楽死計画から、密かにユダヤ人を守る

このアム・シュタインフォーク病院「自殺者病棟」勤務時代にフランクルは、ある重要なことをな

している。診断書を偽造することによって、ヒトラーが立てた「安楽死計画」から、おびただしい数のユダヤ人の精神病患者を守ったのである。
マルク通りにあるユダヤ人の老人ホームに柵付ベッドが数台あることを発見したフランクルは、そこがヒトラーのおそろしい計画に利用されることに気づいた。

私は、老人ホームの経営陣を守るために、みずから首吊り縄に首をつっこむ思いで、統合失調症を失語症、すなわち「脳組織の病」と称し、うつ病は熱譫妄《ねつせんもう》、すなわち「本来の意味での精神病でない」病気にすり替えた診断書を書き、この条項（精神病患者の老人ホームへの収容を禁じた規則――引用者注）をくぐりぬけていた。患者を老人ホームの柵つきベッドにいれることによって、統合失調症患者には非常の際は大っぴらにカルディアゾル・ショック療法を施したり、うつ病状態でも自殺の危険を避けることができた。（WNMB『回想録』）

その後間もなく、ウィーン大学付属精神科病院の理事であったオットー・ペッツルも、自分の精神科病院のユダヤ人患者を、偽の診断書を利用して精神病であることを隠し、マルク通りの老人ホームに紹介するという手段で救済し始めた。あまり知られてはいないが、重要なエピソードである。

ロゴセラピーの基本体系発表

一九二六年、二一歳のとき、自ら設立した「医学心理学学術協会」においてフランクルは、「ロゴセラピー」という言葉を最初に使っている。しかしその後、臨床活動に没頭したフランクルは、一九三八年三三歳になるまで、学術論文を発表していない。

この時期こそ、フランクルに独自の幾多の新たな考えを育んでいった最も実り多き時代であった。つまりフランクルは、患者から直接、彼らの抱える真の問題が何であり、どうすれば彼らを援助しうるかを学んでいったのである。

そして長い沈黙の後、一九三八年についに論文「心理療法の精神的問題性について」(Zur geistigen Problematik der Psychotherapie, *Zentralblatt für Psychotherapie*, 10, 33)を発表した。ロゴセラピーと実存分析という二つの概念について体系的な説明がなされている。一九三七年には、フランクルは三二歳にして神経科および精神科の専門医としてついに個人医院をスタートさせた。

収容所行きを前にしての決断

しかし、フランクルが開業したその数ヵ月後には、ヒトラーがオーストリアを占領し始めた。医師としてスタートしたまさにこれからというときに……。三二歳の、仕事が波に乗っているフランクルは、どんなに無念だったことだろうか。しかし悲劇は容赦なく迫ってきた。

ヒトラーのナチ党が政権を握ると、人類史上最も残酷な弾圧が始まった。ゲシュタポによる治療という名目のもと、ユダヤ人は強制収容所へ送られていったのである。一九四五年の終戦までにユダヤ人の九五%にあたる六〇〇万人が犠牲になったといわれる。その半数がアウシュヴィッツ強制収容所で殺害されている。

一九四一年のある日の朝に、フランクルは、ゲシュタポの軍司令部に出頭するよう命令された。フランクルは自分は強制収容所行きになると覚悟した。

けれども、そこでの一人のゲシュタポの警官との対話は意外な方向に展開していった。その警官は「神経症とは何か」「恐怖症とは」などと質問した後、「彼の友だち」のケースについて話を始めた。それは実は彼自身のことであると察したフランクルは、「友だちにこうアドバイスしてください。そうすれば不安は解消されます」と数時間にわたって話を続けた。

このアドバイスにどれほどの治療効果があったのかわからないが、この一件によってフランクルとその家族とは収容所への収容が一年延期されることになった。(PE)フランクルは、既にゲシュタポの監督下に置かれていたウィーンのユダヤ人病院、ロートシルト病院の神経科の部長の職に就くことになり、その職についている間に限って、フランクルと彼の両親の収容所行きが延期されることになったのである。

フランクルはなぜ、収容所から生還できたのか。その理由を問う人は多いが、その一つは、間違いなく、フランクルが、ゲシュタポの管理下にあったユダヤ人病院に勤務していたために、収容所行きが一年延期されたことにあった。

こうして、いつ収容所へ送られるかわからない恐怖に脅えながら、フランクルはデビュー作『医師による魂のケア』（邦訳『死と愛』『人間とは何か』）の原稿執筆を急いだ。それほどまでに彼はこの著作に情熱を傾けていたのである。

そうこうしているうち、フランクルには、収容所行きを免れる最大のチャンスがめぐってきた。アメリカに亡命できるビザをとるチャンスを得たのである。

しかしフランクルは、迷いに迷ったあげく、両親と共にウィーンにとどまる決意をする。ビザをわざと期限切れにしてしまったのだ。あるインタビューでフランクルはこのときのことを次のように語っている。

三年間も待たされた後、私はついにアメリカにわたるビザを手に入れました。両親も大喜びしてくれました。ついにヴィクトールが自由になれるんだ、って。しかし私は躊躇しました。両親を置き去りにして行ってよいのかと思ったのです。両親と運命を共にすることが私の義務ではないだろうか、と。私が守らなければ、ナチスはすぐにでも両親を収容所に運んでいったでしょう。

私は自問しました。「私の責任はどこにあるのか。あらゆる心理療法が流行しているアメリカに行くべきだろうか。それとも両親に対する責任をとるべきなのか」。どうすべきか、ほんとうにわからなくなりました。それで私は黄色の星章を付けて、ステファン大聖堂に行き、オルガンと自分の良心とに耳を傾けました。何度も何度も考えましたが、答えは出ませんでした。「ヴィクトール、お前は神の啓示を必要としている」――私はそう自分に語りかけました。そして頭を悩ませたまま、帰宅したのです。

そのとき私は突然、一片の大理石がテーブルの上にのっていることに気づきました。父に「これは何」とたずねると、「ヴィクトール、私が今朝、ナチスに焼かれた教会堂の跡地辺りを散歩していると、そこにこれがあったんだ。神聖なものだから持って帰ったんだ」。

どうして神聖なのか、と私がたずねると、父はそれが十戒が刻み込まれていた二つの書字板の片割れであるからと答えました。そこにはヘブライ文字が刻まれていたのです。父は「ヴィクトール、私にはこの文字がどの戒律のものかもわかるよ。この文字は十戒の一つの略記号となっているからね」とも言いました。私はどの戒律なのか、聞きたいと強く思い、たずねました。するとその戒律が「父と母をうやまえ。そうすれば汝は天に招かれるだろう」であることがわかりました。この瞬間、私は両親とオーストリアにとどまることを決意したのです。（HFML）

フランクルがいかに苦悩し迷った末にこの決断をくだしたのかが伝わってくる。フランクルの決断は、年老いた両親への心配であるとともに、ユダヤ教徒としての信念にもとづくものであった。

最初の妻、ティリーとの出会いと結婚

アメリカへの亡命をやめ、ウィーンに残留することを決断した直後、フランクルは、同じ病棟で看護師をしていた最初の妻、ティリー・グロッサーと出会った。『夜と霧』で最も感動的な場面として、妻のことに思いをはせる場面をあげる読者は少なくない。フランクルと最初の妻ティリーはどのようにして出会ったのだろうか。

このようなエピソードが紹介されている。フランクルの両親の家で、フランクルとティリーがいっしょに昼食の準備をしているとき、フランクルが緊急手術のために呼び出しをくった。フランクルは当時から無類のコーヒー好きであったが、コーヒーをいれる暇もなかったので、コーヒー豆を口に入れ、それをかみ砕きながらタクシーに乗った（フランクルがカフェイン好きになったのは、強制収容所体験の後遺症であるとする指摘があるが、それは間違いである。フランクルはもともと無類のコーヒー好きであった）。

フランクルとティリー（結婚記念写真）

二時間後、手術を無事に済ませたフランクルが帰宅したとき、ティリーは食事をとらずにフランクルを待ち続けていて、フランクルの顔を見ると「手術はどうだった？　患者さんの具合はどう？」とたずねた。この瞬間、フランクルは結婚を決断したという。一九四

一年一二月のことであった。（ハドン・クリングバーグ・ジュニア『人生があなたを待っている』）
しかし、そのわずか九ヵ月後に、強制収容所へ送られることになった。しかも、妊娠していたティリーは、その子どもの中絶を余儀なくされる。その頃、ナチスによってユダヤ人の出産は禁じられていて、妊娠が確認されたユダヤ人女性は即座に強制収容所に収容するようにという指令がくだされていたからである。フランクル夫妻は、中絶か、さもなくば、強制収容所行きかの二者択一を迫られた。
著書『聴き届けられることのなかった意味への叫び』（邦訳『〈生きる意味〉を求めて』）の献辞に「生まれることのなかった子どもへ」という言葉が記されている。これはこの時中絶した子どもへの思いを込めてのことである。

強制収容所へ

一九四二年九月、結婚式からわずか九ヵ月後に運命の日はやってきた。

ユダヤ人病院は閉鎖され、三七歳のフランクルと彼の両親は直ちに、チェコのテレージエンシュタット収容所に送られたのである。デビュー作となるはずであった『医師による魂のケア』の原稿は、まだ完成していなかった。

後にフランクルの父親はこのテレージエンシュタット収容所内の老人ホームのようなところに運ばれ、そこで文字通り、フランクルの腕の中で息を引き取った。原因は餓死であったという。それまでの間、両親は同じ屋根の下で生活をすることが許され、フランクルも毎日数分であれ両親と顔をあわせることができた。その意味では、この収容所での生活はまだ平和なほうだった、とフランクルは述懐している。

テレージエンシュタット収容所での二年間、フランクルは何十万人ものユダヤ人の中で精神科医として活躍した。病人看護局において彼の担当する部署は、精神面のケアをおこなった。入所してくる被収容者に安心感を与え、収容所での生活を乗り切る方法を伝えていったのである。

しかし、一九四四年フランクル（三九歳）はついにポーランド、オシフィエンチムにある悪名高きアウシュヴィッツ収容所へと送られてしまった。彼の母親も一週間後に送られてきて、残念ながらそのままガス室に運ばれ殺されてしまった。兄のヴェルターはアウシュヴィッツの支部収容所で、妻ティリーはベルゲン＝ベルゼンで死亡している。最終的には、一人の妹ステラ（オーストラリアへ移住していた）を除いたすべての家族を、フランクルは収容所で失ったのである。

アウシュヴィッツ収容所では、生存の確率はわずか三〇分の一である、と言われていた。まず、入所の段階で九五％の人がガス室に直行させられた。そして残りの五％だけが労働者として選ばれ、消毒槽に入れられたのである。

フランクルは運よくこの「五％」に選ばれた。

それはなぜか。なぜ、フランクルは生き延びられたのか。

その大きな理由は、アウシュヴィッツ＝ビルケナウでの、最初の「ガス室送りか、生き残りか」の選別の際に起こった出来事にある。このときの出来事をフランクルはこう述懐している。

選別担当のメンゲレはフランクルの番になったとき、ガス室送りの指示をした。しかし、にもかかわらずフランクルはとっさの判断で、メンゲレの背後を回って指示されたのとは反対の方向、すなわち、生きられる方の列にこっそりもぐりこんで進んだというのである。どうしてこのような機転のきいた行動ができたかは「神のみぞ知る」ことだとフランクルは述懐している（WNMB）。

そして、もう一つの理由は、最も過酷な環境にあり「ガス室」が設えてあるアウシュヴィッツの収容所にフランクルが捕らえられていたのは、わずか三泊のみであった、ということである。彼の著作やインタビューの記録を読むと、いくつもの度重なる幸運が彼を救ったことがわかる。フランクル自身、自らの運のよさを認めており、だからこそ、「幸運にも生き残ることができた人間の使命」として、収容所での体験を語り続けたのである。

すべてを奪い取られて

アウシュヴィッツ収容所に入所し、運よく「五％」の労働者に選ばれて消毒槽に入る前、フランクルは持ち物をすべて取り上げられた——ベルトやメガネの着用は許されていたが、何と毛髪まで剃り落とされたという。

そのなかでもフランクルは、まだ未完であった（といってもその内容の大半は既に書かれていた）デビュー作の原稿だけは、奪い去られまいとした。既に見たように、彼は外套の裏に原稿を縫い付けて、それを奪われまいとしたのである。しかしそうした抵抗もむなしく、フランクルの未完の原稿は奪われてしまう。文字通りすべてのものを奪い取られてしまったわけである。どれほど失意に打ちのめされたことであろうか。

入所の翌日の朝に起こった、次のようなエピソードも語られている。アウシュヴィッツに一週間ほど早く到着していたある被収容者が、フランクルたちのバラックに忍び込み、次のようにアドバイスしてくれたという。「だからもう一度言うがな、ひげを剃れ。まっすぐ立って歩け。そうすればガスの心配をする必要はない」。（PEK『夜と霧』）

収容所の中では、「労働者」としての価値があるとみなされることだけが、生存しうる唯一の可能性であった。もし労働者として使えないと思われたならば、それで一巻の終わり。ガス室に運ばれることになる。ガラスの破片などを使ってひげを剃り、まっすぐ歩けば、肌がピンク色に見え若く見えるし、健康そうで、労働することが可能であるという印象を与えることができるからそうせよ、というこのアドヴァイスは、実に的を射たものであった。しかもこの仲間は、フランクルのほうを指さして次のように言ったというのだ。

「おそらく今度のガス選抜で可能性があるのは君くらいのものだろう」。

フランクルはそこにいた被収容者の中で、最も体力がないように見えたのだろう。死は確実に迫っているように思われた。

しかしその中でフランクルは、奇跡的に「九死に一生」を得たのである。実際、次のようなこともあったという。

　アウシュヴィッツで死を迎える危険な場所に一〇〇人が搬送されそうになったとき、フランクルはその一〇〇人目になって列に並んでいた。ある被収容者が別の被収容者に突進し殴り始めた。さらに靴のかかとで蹴りをくらわせて、その列に押し込んだ。そして相手をののしり、あたかも、相手が逃走しようとしたから、そこに押し込んだかのようにふるまった。結果、「一〇一人目」となったフランクルは搬送されずに、いのちを長らえることができた。フランクルは、この男がフランクルの生命が危機にさらされていることを聞き及んで救出してくれたに違いないと述懐している。（WNMB）またしても、奇跡的にフランクルはいのちを落とさずにすんだのである。

収容所で見た人間の真実

　収容所での生活が長期化するにつれて、被収容者たちは信じがたいほど、無感動・無感覚になっていった。多くの人々が、仲間が鞭で打たれサディスティックに痛めつけられる様子を見ても、何時間も糞尿の上に立ったり寝たりさせられても、平気になってしまっていったのである。

　発疹チフスのバラック病舎で、ある被収容者が一人死んだ。すると、仲間が次々とまだ温かい屍体に近づいていった。そのうちの一人は昼食の残りのジャガイモを素早く手にした。また別の一人は、死者の木靴が自分のものよりまだましなことを確かめるとそれを自分のものと取り替えた。さらに他の一人は、亡くなったばかりの仲間の上着を奪って、自分のものと取り替えた。

フランクル自身がいちばんショックだったのは、こうした様子を自分がただ傍観していたという事実であった。こんなこともあった。

わずか二時間前まで話をしていた仲間がいのちを奪われた。フランクルがスープを飲んでいたとき、その彼の屍体が、すわった目を見開いて窓からこちらを覗き込んでいるのを見た。目が合ったのだ。しかしそれでも、フランクルはスープを飲み続けていた。そのように、自分が何事にも無感覚になってしまったことにフランクルは驚嘆したのだ。

収容所の光景がリアルに伝わってくる場面である。長く収容所にいる被収容者の少なからずにとって、生命維持という目的に役立たないものは、何であれ、まったく価値のないものとみなされるようになった。

この無感動・無感覚は、毎時間殴打され続ける被収容者にとっては、自分の心を包む最も必要な装甲でもあった。あらゆる行動と感情生活は、ただ一つ、生命の維持という目的に集中していき、そのため被収容者の間では、食べ物に関する会話がただひたすら繰り返されていった。一日に一回だけ配給されるわずかなパンについて、それをどういうふうに分けて食べるべきかについて、際限のない議論が繰り返されたのである。収容所ではいわば「文化的冬眠」が支配するようになった。

では、そのようななかで、多くの人間は、ただ人間的な感情を喪失してしまったのか。

そうではなかった。

フランクルが体験したのは、一言で言えば、「収容所の中で人間は、天使か、悪魔か、そのいずれかになる」ということであった。「同じ状況に直面して、ある人間は、それこそ豚のようになったのに対して、他の人間はそこの生活において反対に聖者のようになった」のである。「収容所のバラックを通り、点呼場を横切り、こちらでは優しい言葉を、あちらでは一片のパンを与えていた人々」がいた。これは、驚嘆すべき事実であった。（TTN）強制収容所という悲惨な環境に置かれたからといって、誰もが同じようになったわけではなかったのである。

収容所というこの世で考えられうる限り最も悲惨な状況に同じように直面しても、「人がとる態度ないし行為」によって、ある人は、天使のようになったのに対して、もう一方の人は、悪魔のようになっていた。

これがフランクルが収容所で見た「事実」であった。しかもこの、収容所では誰もが天使にもなりうるしまた悪魔にもなりうるという事実は、被収容者だけでなく、ナチスの親衛隊員にも当てはまっていたとフランクルは言う。たとえば、バイエルン地方のダッハウ強制収容所では、最年長の被収容者が被収容者仲間をぞっとするような仕方で虐待していたのに対し、その一方でナチスの親衛隊員である収容所長ホフマンは、密かに自分のポケット・マネーで被収容者のために薬を調達していたというのである（TJLS）。

フランクルは「強制収容所を経験した人なら誰でも知っている」はずのこうした「英雄的な実例」から、「人間は感情の麻痺を克服し刺激性を抑制しうること、また精神的自由、すなわち環境に対する主体の自由な態度は、この一見絶対的な強制状態の下においても、外的にも内的にも存在し続けるということ」(PEK)を学んだのである。つまり、天使になるか、悪魔になるかは、その人がナチスに属していたか、ユダヤ人に属していたかによって決まるのではなくて、最終的には個人の態度によって決まっていたのである。

フランクルは、この事実を著書のみならず、戦後、解放されたのちに数々の講演や集会などでも一貫して語っている。そのためしばしば「フランクルはナチ寄りではないか」との疑義を寄せられた。しかしフランクルはただ「真実」を伝える、という姿勢を一貫して崩さなかった。

収容所で輝いた「内面的精神性」

被収容者の間では常に、二つの関心事があったという。一つは当然ながら、その時々の軍事情勢に関する情報。そしてもう一つは、意外なことに、宗教や芸術への関心や欲求であった。あるところでは音楽への、あるところでは美術への、そしてまたあるところでは宗教への関心が花開いていった。それは「想像以上に最も内面的なもの」であった、とフランクルは記している。人間は、死の間際に、その最も本質的な内面性を露わにすることが少なくない。『夜と霧』を読んだ人が、最も印象深かったエピソードとして指摘することが多い「カスタニエンの樹」の話も、その一つの例と言えるだろう。(PEK)

ある若い女性は、もうすぐ自分が死ぬことを知っていたが、とても晴れやかな表情をしていた。彼女は、収容所に入れられる以前の生活よりも今のほうが内面的に深まった、というのである。その女性は、「あの樹が、孤独な私のたった一人の友だちなんです」と言って、収容所のバラックの窓から見える一本の樹を指さした。

外では一本のカスタニエンの樹が丁度花盛りであった。病人の寝台のところにかがんで外を見ると、バラックの病舎の小さな窓を通して、丁度二つのロウソクのような花をつけた一本の緑の枝を見ることができた。

「この樹とよくお話をしますの」と彼女は言った。

私は一寸まごついて彼女の言葉の意味がわからなかった。彼女は譫妄《せんもう》状態で幻覚を起こしているのだろうか？　不思議に思って、私は彼女にたずねた。

「樹はあなたに何か返事をしましたか？」

「しましたって！　では樹は何と言ったのですか？」

彼女は答えた。

「あの樹はこう申しましたの。私はここにいる——私は——ここに——いる。私はいるのだ。永遠のいのちだ……」（ＰＥＫ『夜と霧』）

すべてを奪い取られた状況においてこそ、真の内面性が発揮されうる。それはけっして不思議なことではない。人は、生きるためには、特に過酷な状況下を生き抜くためには、食糧のみならず、内面的な拠り所を必要とする。生きるために、人は、美や精神性に関心を寄せていったのである。『夜と霧』には、次のような描写も見られる。

若干の囚人において現れる内面化の傾向は、またの機会さえあれば、芸術や自然に関する極めて強烈な体験にもなっていった。そしてその体験の強さは、われわれの環境とその全くすさまじい様子とを忘れさせ得ることもできたのである。アウシュヴィッツからバイエルンの支所に鉄道輸送をされる時、囚人運搬車の鉄格子の覗き窓から、丁度頂が夕焼けに輝いているザルツブルグの山々を仰いでいるわれわれのうっとりと輝いている顔を誰かが見たとしたら、その人はそれが、いわばすでにその生涯を片づけられてしまっている人間の顔とは、決して信じ得なかったであろう。

われわれが遠い工事場から疲れ、飢え、凍え、びっしょり濡れたボロを着て、収容所に送り返される時にのせられる暗い閉ざされた牛の運搬貨車の中や、また収容所のバラックの隅で体験することのできる一寸した祈りや礼拝は最も印象的なものだった。（PEK『夜と霧』）

そしてフランクルの観察によれば、このような内面性に輝きを得ていた人間のほうが、実際に、精神的にも肉体的にも崩壊せずにすんだのである。精神的に高い生活をしていた人間には「おそろしい周囲の世界から精神の自由と内的な豊かさへと逃れる道が開かれていた」ために、「収容所生活のかくも困難な外的状況を、苦痛ではあるにせよ彼らの精神生活にとってそれほど破壊的には体験」せずにすんだのである。（PEK）

そこには、「感受性が豊かで繊細な人間が、しばしば頑丈な身体の人々よりも、収容所生活をよりよく耐え得たというパラドックス」が存在していた。（PEK）フロイトはかつて、人間は飢えにさらされると個々人の相違が消え失せ、満たされない画一の衝動に支配されるようになるはずだ、と述べた。しかし、収容所でフランクルが実際に目のあたりにしたのは、これとは正反対のことだった。

これらの人々が体験したものは道徳的には退行ではなく、進歩であり、進化である。それは道徳的であり……宗教的でもあった。実際に多くの収容所の被収容者の中には、拘禁において、かつ拘禁を通じて、無意識に抑圧していた神への志向性が咲き出たのであった。（TTN）

フランクルの眼差しはこうして、およそ人間的なものをすべて奪われた収容所での悲惨な生活「にもかかわらず」残された、人間精神の崇高さに向けられていった。

時間的存在としての人間

フランクルが収容所での生活を通して体験した人間の精神生活についてのもう一つの事実は、「人間は時間的存在である」ということであった。収容所で人々は、時間的な展望を見失い、未来における「内面的な拠り所を失った人間が崩壊していった」のである。(PEK)

次のようなエピソードが示されている。

ブダペストのオペレッタの作曲家兼脚本家だったある被収容者は、二月の中頃、奇妙な夢を見た。その夢の中で彼は、ある人物にいつ戦争が終わるのかをたずね、「五月三〇日だ」という返答を得たという。「五月三〇日に釈放される」という思いが、彼の内面的な支えとなった。

しかし実際には、五月の終盤になっても戦況は衰えなかった。これを知った彼は、徐々に生命力を失っていき、発疹チフスにかかり、五月二九日に発熱。五月三〇日、夢の中で戦争が終わると告げられたその日に意識を失って、翌日死亡したのである。(PEK)

人間が「時間的存在」であることを、つくづく思い知らされるエピソードである。

次のエピソードも同様である。

一九四四年の年末に、収容所の中では「クリスマスには家に帰れることになっている」という素朴な希望が被収容者たちの間で膨らんでいった。しかし、にもかかわらずそれが叶えられないことを知ると、失望や落胆が広がり、抵抗力を失って、その直後に、かつてなかった大量の死亡者が出たというのである。(PEK)これらの事実は、単に過酷な労働、悪化した栄養状態、伝染病などによって説明しうるものではないだろう。人間がいかに「時間的存在」であるかを示している。

自殺をとりやめた二人

これらのケースとは逆に、「未来における拠り所」を見出した人間、未来において「自分を待っている人やもの」を見出すことのできた人間は、強靱な精神的抵抗力を獲得し、生命力を取り戻していった。

収容所に入る前にデビュー作『医師による魂のケア』で論じていたフランクルのこの基本仮説は、彼が収容所の中でおこなった臨床実践の中で証明された。

「私は、もう人生からは何も期待できません」。そう言って、自殺を試みた二人の男性の被収容者がフランクルのもとに相談に来た。彼らにフランクルは、次のように語りかけた。

たしかにあなたは、人生にもう何も期待できないと思っているかもしれません。人生の最後の日がいつ訪れるかもしれないのですから、無理もない話です。けれどもその一方で、人生のほうはまだ、あなたに対する期待を決して捨ててはいません。あなたを必要とする何か、あなたを必要としている誰かが必ずいるはずです。そして、その何かや誰かはあなたに発見されるのを待っているのです。(TJLS)

この言葉を聞いて二人の被収容者は自殺をとりやめたという。彼らの口から語られたのは、次のことであった。「一人には、彼が並外れた愛情をもっている一人の子どもが外国で彼を『待って』おり、もう一人には人間ではないが他のものが、すなわち彼の仕事が彼を『待って』いた」。すなわち「彼は科学者としてあるテーマについて本のシリーズを書いていたのであるが、それはまだでき上がっておらず、それが完結されることを待っていたのである」。（TJLS）

「自分を待っている仕事や、自分を待っている、愛する人間に対する責任」を意識し、「内面的な拠り所」を得た人間は、自らの生命を放棄することはけっしてできない。なぜなら人は、自分の存在の理由を知るならば、どのような状態にも耐えることができるからである。（PEK）

収容所で、フランクル自身を支えたもの

文字通り、収容所の中ですべてのものを奪い取られ、生命さえ大きな危機にさらされ続けたフランクルは、しかし、持ち前の楽観主義で、次のように考え続けた。

　こんなふうに人間は、他者からすべてのものを奪うことができる。その人の自由でさえも。ただし、そのような状況に対して、彼がどんな態度をとるかという自由は別である。そしてこの態度こそが重要なものなのだ。（HFML）

まさにアウシュヴィッツで原稿を奪われた自身のデビュー作の基本主張を、収容所の中にあって

も、自ら実践し続けたのである。この言葉に示されるようにフランクルの眼差しは、収容所において さえも信じがたいほどにオプティミスティックなものであった。彼は、いかなる状況にあっても、「失われたもの」「奪われたもの」よりも、「まだ残されたもの」に目を向け続けたのである。フランクル自身、「発見的楽観主義（heuristic optimism）」という言葉を使って、自らの収容所での態度を表現している。

そしてこの「発見的楽観主義」こそがフランクル自身の生存への意欲を支えたものであった。

アウシュヴィッツにいたときでさえ――そこで生存できる見込みは二九対一でしかないと思っていたのですが――私が生存できる見込みが百パーセントないと誰も言うことができない以上、たとえ確率は低かろうと、生き続けるためにできることはすべておこなう責任があると感じていました。（HFML）

むしろ彼は、次のように自分自身に言い聞かせ続けたという。

お前はこれまで、人生について、しかも人生の意味について書いたり語ったりしてきたではないか。そしてこの人生の意味は無条件のもので、いかなる状況においてもそれは失われることはない、と言ってきたではないか。たとえ苦しみが取り除かれないときでも、その苦しみから何ら

かの意味を摑み取ることができるはずだ、と。〔中略〕さあヴィクトール、今度はお前自身がそれを生きる番だ。（ＨＦＭＬ）

フランクルは自分にこう言い聞かせることで、収容所の悲劇的状況を「内的な勝利の体験」に転換していったのである。

フランクルを待っていたもの

フランクルの思想、そしてその臨床的方法であるロゴセラピーは、「何かが、あなたを待っている」「誰かが、あなたを待っている」と訴えて、その人を「待っているもの」に意識を振り向けさせ、生きる意欲を喚起しようとするものである。こうした思いによって精神を高く引き上げるという方法論を、収容所の中でフランクル自身自ら実践した。

フランクルが収容所の長い過酷な体験にもかかわらず、何とか生き延びることができたのは、これまで紹介してきた数々の「幸運」な出来事に加えて、自分を「待っている」と思える二つのものがあると心から信じることができたからである。フランクルが自分を「待っている」と思えたものの一つは、家族である。収容所を出た後、家族の何人かが、つまり愛する妻や母親が「待っている」と信じていた。

もう一つは、自らの思想を講演や著作という形で世に問うという、自分の学者として、医師としての「仕事」「使命」が、自分によってなしとげられるのを「待っている」と信じていたのである。

こんなエピソードが紹介されている。

氷のように冷たい向かい風の中を、思わず泣きそうになってしまうくらいの足の激痛を感じながらも、フランクルらは作業現場までの道をよろめくようにして歩いていた。来る日も来る日も、今日の夕食にはソーセージがつくのだろうか、とか、もしそうならパンと交換してもらったほうがいいだろうか、とか、今日はひどい監督に殴られるのだろうか、とか……。そんなことばかりが頭の中をよぎる自分自身に嫌気が差したフランクルは、「いつか来るはずの自分の未来」を想像しようと思い立つ。フランクルは、強制収容所の中で、耐えがたい経験をしている今の自分について、将来、多くの人の前で講演している自分の姿を想像することで、自分を奮い立たせようとしたのである。

そこで私は一つのトリックを用いるのであった。突然私自身は明るく照らされた美しくて暖かい大きな講演会場の演台に立っていた。私の前にはゆったりとしたクッションの椅子に興味深く耳を傾けてくれる聴衆がいた。
そして私は語り、強制収容所の心理学についてある講演をしたのだった。
私をかくも苦しめ抑圧するすべてのものは客観化され、科学性のより高い見地から見られ、描かれるのであった。〔中略〕
このトリックでもって私は自分を、何らかの形で現在の環境、現在の苦悩の上に置くことができ、耐えることができ、すでに過去のことであるかのように見ることが可能になり、また苦悩する私自身を、心理学的、科学的探求の対象であるかのように見ることができたのである。（PEK『夜と霧』）

フランクルの強制収容所でのこの夢想は、まさに世界中を飛び回る講演旅行としてその後、一〇年も経たないうちに実現されることになる。「未来を思い描くこと」「未来において果たすべきことがあるという使命感を持つこと」が、彼の心を奮い立たせたのである。

処女作『医師による魂のケア』への執念

既に見たようにフランクルは、デビュー作の未完成の原稿を持ったまま収容所に入った。そして、「毛髪まで奪われた」アウシュヴィッツ収容所への移送に際しても、この原稿だけは諦めきれないと最後まで抵抗を試みている。

それでも、原稿はナチスに奪われてしまった。当然のことながら、収容所の生き地獄の中では、さまざまな死ぬほどつらい体験があったはずである。しかし、著作やインタビューの中でフランクルは、収容所体験の最もつらかった出来事としてアウシュヴィッツでこの原稿を奪われたことをあげている。

アウシュヴィッツに入れられたが最後、十中八九は死を覚悟しなければならない。だとすれば、自分の「生きた証」として、生みたての子どものような存在であるこの著作だけは何とか世に残したい。そうした思いが断ち切れなかったのだろうか。フランクルのデビュー作への思いは、単なる自己表現の願望といった次元のものではなかったはずだ。自らの思想とその方法論であるロゴセラピーを世に問うことは、「自らのいのちに与えられた使命」とでも言うべきものであった。

この著作を出さなければ、死ぬに死ねない。自分が生きたことにもならない。

私も著作家の一人として自戒を込めて言うが、本来著作家にとって、著作とは、そのような性質のものであるだろう。まさにこの著作を出すという仕事、使命が彼を収容所の外で「待っている」ものであった。これが、収容所の生き地獄の中でフランクルを支え、生きながらえしめる力となっていった。この著作にかけたフランクルの執念は、次のようなエピソードにも示されている。

私自身について言えば、失った原稿を再構成しようという決意が、明らかに私を生き残らせたのだと確信している。その作業に取りかかったとき、私は発疹チフスにかかっていたが、血管虚脱で死なないために、夜も寝ないでいることにした。私の四〇歳の誕生日に、囚人仲間の一人が、ちびた鉛筆一本とごく小さなナチス親衛隊の用紙数枚をどこかからかき集めてくれた。私は、高熱にうなされながら、その裏面に速記でキーワードを走り書きしていった。それを助けに、『医師による魂の癒し』を再構成しようと思ったのである。（WNMB、『回想録』）

発疹チフスの高熱にうなされながらもフランクルは、ある被収容者から、四〇歳になった誕生プレゼントにと贈られた短い鉛筆と、収容所の監督から盗んできてくれたある用紙の裏側とを使って、速記用の記号でその原稿を再生し始めたという。何とすさまじい著作への執念か！

しかしこの執念こそが、彼を生へとつなぎとめてくれる。デビュー作の原稿が戦前にほぼ書かれていたことに端的に示されるように、フランクルの思想とその臨床的方法論であるロゴセラピーは、収容所の中での体験から生まれたものではない。その骨子は既に大戦前に形成されていた。

では、フランクルの思想やロゴセラピーの形成に彼の約三年間にわたる強制収容所の体験は、何の影響も与えなかったかというと、そうではない。ジョセフ・ファブリィは言う。「やはり強制収容所の体験はロゴセラピーに決定的なインパクトを与えている。ただし、その基本概念にではなく、その開拓領域に対してである。〔中略〕ロゴセラピーの開拓領域は、最も極限的な状況において見出されていった。意味によるセラピーは、想像しうる限り、最も意味のない状況において開花したのだ」。

(Joseph B.Fabry, *The Pursuit of Meaning; Victor Frankl, Logotherapy, and Life*, Lightning Source Inc., 1987)

ティリーの面影を見る

収容所でのフランクルを「待ってくれて」いたはずのもの。その一つは、著作や講演などの仕事であり、もう一つは家族であった。

中でも、結婚してわずか九ヵ月で収容所行きになり、アウシュヴィッツへの移送が最後の別れとなった妻ティリーへの思いは、大きかったであろう。フランクルは、収容所に入ってからも毎年、ティリーに誕生日カードを送り続けた。ティリーはフランクルより一四歳年下であり、今でいう「年の差婚」であった。結婚したとき、ティリーはまだ二二歳だったのだ。結婚後最初の誕生日をティリーは収容所の中で迎えることになった。そんなティリーに、フランクルは苦労して何とか、誕生日のカードを送った。

この君の記念日に　私は、望む
君が、自分自身に忠実であることを。（WNMB）

そして、その一年後、ティリー二四歳の誕生日には、もう二人はアウシュヴィッツに送られ、別々に引き裂かれていた。このときの思いを、フランクルは次のように語っている。

私の中でも何かが涙を流した。なぜならばちょうどこの日、ある人が二十四歳の誕生日を迎えたからである。この人はアウシュヴィッツの収容所のどこかで、バラックに横たわっているはずだった。つまり、私とはたった数百メートルか、せいぜい数千メートルしか離れていないところにいるはずだった。
その人は、私の妻だった。

次に紹介するのは、そんな中、フランクルが妻の面影に想いを寄せる場面である。『夜と霧』の中で、この場面が最も好きだという人も少なくない。

夜明け前の氷のように冷たい風の中を工事現場へと向かうフランクルと仲間。看守から蹴りを入れられ、銃で追い立てられて、ふらつきながら歩いている。そんなボロボロの格好で並んで歩いていたとき、ある被収容者の仲間がつぶやいた。

なあ、君、もしわれわれの女房が今われわれを見たとしたら！　多分、彼女の収容所は、もっといいところだろう。彼女が、今われわれの状態を少しも知らないといいんだが。

フランクルは続ける。

すると、私の前には、妻の面影が立ったのであった。そしてそれから、われわれが何キロメートルも雪の中をわたったり、凍った場所を滑ったり、何度も互いに支えあったり、転んだり、ひっくり返ったりしながら、よろめき進んでいる間、もはや何の言葉も語られなかった。しかし、われわれはそのとき各々が、妻のことを考えているのを知っていた。時々私は空を見上げた。そこでは星の光が薄れて暗い雲のあとから朝焼けが始まっていた。そして、私の精神は、それが以前の正常な生活では決して知らなかった驚くべき生き生きとした想像の中でつくり上げた面影によって満たされていたのである。

私は妻と語った。私は妻が答えるのを聞き、微笑むのを見る。私は彼女の励まし勇気づける眼差しを見る。そしてたとえそこにいなくても、彼女の眼差しは、今や昇りつつある太陽よりも、もっと私を照らすのであった。

そのとき私の身をふるわし私を貫いた考えは、多くの思想家が叡智の極みとしてその生涯から生み出し、多くの詩人がそれについて歌ったあの真理を、生まれて初めてつくづくと味わったということであった。

すなわち、愛は結局、人間の実存が高く翔り得る最後のものであり、最高のものであるという真理である。私は今や、人間の詩と思想と、そして信仰とが表現すべき究極の極みであるものの意味を把握したのであった。愛による、そして愛の中の被造物の救い——これである。

たとえ、もはやこの地上に何も残っていなくても、人間は、瞬間でもあれ、愛する人間の像に心の底深く身を捧げることによって浄福になり得るのだということが私に判ったのである。

収容所という、考えうる限りの最も悲惨な外的状態、また自らを形成するための何の活動もできず、ただできることと言えば、この上ないその苦悩に耐えることだけであるような状態——このような状態にあっても、人間は、愛する眼差しの中に、愛する人間の精神的な像を想像して、自らを充たすことができるのである。天使は、無限の栄光をたえず見て浄福であると言われていることの意味を私は生まれて初めて理解し得たのであった。（PEK『夜と霧』）

ティリーは、解放直後ベルゲン＝ベルゼン収容所で亡くなっている。この時点では、まだ生存していたのである。フランクルはこのことについて後に、こう語っている。

愛する人間が生きているかどうか、そのとき私はまったく知らなかった。しかしそのことは、私の愛の思い、妻のことを思い浮かべながらそれを見つめ愛することの妨げには、まったくならなかった。もし私がそのとき、妻は既に死んでいることを知っていたとしても、それとかかわりなく、今と同じように、この愛する直視に心から身を捧げたことだろう。（PEK）

妻への思い

生存率わずか五％であったアウシュヴィッツ収容所から幸運にも逃れることができたフランクルであったが、次々と苦難が襲ってくる。カウフェリング第三収容所にいたときのこと。ある被収容者がジャガイモ倉庫に忍び込み、数キロのジャガイモを盗むという事件が起こった。

収容所当局はそのことを聞き及び、違反者の引き渡しをきびしく要求してきた。しかし、そこで違反者を引き渡せば、すぐに絞首台にかけられてしまう。ユダヤ人被収容者たちは仲間を差し出すことを拒んだ。その結果、二五〇〇人の被収容者が食料を断たれた。多くの人の体力、気力ともに衰えて、「最悪のとき」が近づいていると誰もが思っていた。

医師としての使命感がそうさせたのであろう。自らも空腹と寒さに脅えながら、気力を振り絞ったフランクルは、仲間たちにこう語りかけた。それでも、誰かが――それは友かもしれないし、妻かもしれない。あるいは神かもしれない――誰かが、私たちに眼差しを向けている。そしてその誰かを失望させないでほしい、惨めに苦しまないでほしい、誇りをもって苦しみ死ぬことに目覚めてほしいと願っているのだ、と。

状況は悪化するばかりであった。いよいよ死を覚悟したフランクルは、発疹チフスが蔓延しているトゥルクハイム収容所に医師として志願しないかと打診された。同じ死ぬなら医師として死にたい、という思いからこれに応じたフランクルは、妻ティリーあての遺言を仲間のオットーに託している。

よく聞いてくれ、オットー、もしも私が家に、妻の所に、戻ってこなかったら、そしてもし君が彼女に再会できたら……そしたら彼女に言ってくれ……いいかね、
第一に、われわれは毎日毎日彼女について話したということ……想い出すかい？
第二に、私は彼女ほど愛した人は決してなかったということ。
第三に彼女と結婚した短い期間、この幸福はわれわれがここで体験しなければならなかったすべてのものを償ってあまりあったということ。（PEK『夜と霧』）

死を覚悟したフランクルは、到着したトゥルクハイム収容所で自身も発疹チフスにかかり、重症になってしまう。さらには呼吸障害が起こり、痛みのために息もできないほどのつらさを味わうことになった。このままでは窒息死すると思ったフランクルは、射殺されるのを覚悟で、地面をはって収容所の主治医だった被収容者のラッツ博士のバラックに行き、何とかいのちを長らえている。

しかし、ここでもフランクルは幸運に助けられている。フランクルが後にしたカウフェリング第三収容所はその後、悲惨な飢餓におそわれ、被収容者が死人の肉を食べるようにまでなっていった。さらにナチによって火がつけられ、被収容者は生きたまま焼かれてしまったという。つまり、もしフランクルが「医師として死にたい」とトゥルクハイム収容所行きを志願しなかったならば、彼はそこでいのちを落としていたのである。

フランクルが生きながらえたことにつながる最後の幸運な出来事は、連合軍の勝利が目前に迫り、収容所が閉鎖されることになった直後のことであった。被収容者の多くが輸送自動車に分乗したがフランクルは手続き上のミスで取り残されてしまったのである。フランクルは自らの不運に失望し憤慨したが、後でわかったことには、フランクルを置き去りにした輸送自動車に乗った仲間たちは、小さなバラックに閉じ込められ、火を放たれていのちを奪われてしまっていた。仲間たちの死体の山をフランクルは数週間後に見たという。

なぜ生還できたのか

時折、口の悪い精神科医が揶揄《やゆ》するように、フランクルは収容所の中でけっして自分の生命の維持のためになりふり構わないエゴイスティックな行為に走ったわけではない。これまで見てきたように、フランクルが生還できたのは、いくつもの度重なる幸運によるものである。

まず第一に、彼がウィーンでユダヤ人病院の医師として勤務していたため、収容所行きが一年ほど延期されていたこと。第二に、アウシュヴィッツの選別担当のメンゲレはガス室送りの指示をしたにもかかわらず、なぜかとっさの判断で、フランクルはメンゲレの背後を回って別の列にもぐりこめたこと。第三に、やはりアウシュヴィッツで死ぬことになった一〇〇名の列からフランクルを救い出してくれた男がいたこと。そして第四に、「ガス室」のあるアウシュヴィッツの収容所にフランクルが捕らえられていたのは、わずか三泊のみであった、ということ。その後彼はすぐに、ドイツのバイエルン地方のダッハウ収容所に運ばれていったのであるが、ダッハウ収容所に到着したときに、仲間から「心配するな、ここにはガス室はない」という言葉を聞いたときの安堵感を、彼は幾度も語っている。第五に、「医師として死にたい」と志願し発疹チフスが蔓延しているトゥルクハイム収容所に移ったことで、瀕死の重症を負いながらも結果的に生き残ることができたこと。その直後に、それまでいた収容所は人肉を食べざるをえないほど悲惨な飢餓状態に陥ってしまったのである。

もちろん、これだけではないだろう。数々の幸運に恵まれてフランクルは生き残ることができた。

そしてそのことを自覚していたからこそ、「生き残った人間の使命」として、収容所での体験を語り続けたのである。

私には、フランクルの人生には、「人々が生きる意味と使命を発見するのを援助する」という暗黙の使命が与えられていたように思える。自身の意図を超えて、人生によって、この「暗黙の使命」を果たすように導かれていたように思う。そして、人生からの問いかけに、フランクル自身もよく応えた。ここに記した数々の幸運な出来事のすべては、彼の人生に刻印されていた「人生の暗黙の糸」にフランクル自身が誘われ導かれていく中で生じたことのように思えてならないのである。

実際、こんなエピソードが残されている。収容所からの解放後、ウィーンに戻って間もない頃、フランクルは友人のパウル・ポラックをたずね、フランクルの両親、兄、妻が死んだことを報告した。そのとき、フランクル自身、泣きながらこう言ったという。

パウル、こんなにたくさんのことがいっぺんに起こって、これほどの試練を受けるのは、何か意味があるはずだよね。僕には感じられるんだ。あたかも何かが僕を待っている、何かが僕に期待している、何かが僕から求めている、僕は何かのために運命づけられているとしか言いようがないんだ。（WNMB『回想録』）

そう、フランクルは、彼自身の使命を果たすように求められていた。フランクルの人生は、まさにそのように運命づけられていたのである。

解放されて

約三年の収容所生活を終え、故郷ウィーンに戻ったフランクルは、まさに獅子奮迅の活動を開始した。フランクルを生きながらえしめた精神の力こそ、大戦後の混乱した社会において真に必要とされるものだったからである。

一九四五年、四月二七日にトゥルクハイム収容所から解放されたフランクルは、長い時間と交渉を経てやっとウィーンにたどりついた。人に勧められて彼はまず仮設老人ホームに行き、南京虫だらけのベッドで一夜を過ごした後、ある医師を介して、社会問題担当大臣の秘書だったブルーノ・ピッテルマンに出会う。

ピッテルマンはすぐにラジオとタイプライターを送り、フランクルに仕事に復帰するための論文を書くように勧めた。そのおかげでフランクルは、一九四六年にウィーン・ポリクリニック（市立総合病院）神経科部長という地位を得ることに成功した。この市立総合病院の神経科部の元の科長がナチ親衛隊員だったために亡命したため、ポストが空いたままだったのである。フランクルはその後、年金退職するまでの二五年間、その職に就いていた。

またフランクルは、このタイプライターを使って、アウシュヴィッツに入所する際取り上げられたあの原稿、『医師による魂のケア』の復元に全力で取り組んだ。それは当時のフランクルにとって、大きな意義を見出せる唯一の仕事であった。猛烈な勢いで口述し、速記タイピストが三人がかりで取り組まないと追いつかないほどのスピードでフランクルは語り続けた。口述中、フランクルは、部屋を歩きながら語り続け、時折、疲れきって椅子に崩れ落ちることもあったという。

『医師による魂のケア』はこうしてついに完成した。加筆され修正を加えられた原稿の一部は大学教授資格取得のため大学に送られ、もう一部は出版社に送られた。初版はわずか数日で売り切れたという。

後にフランクルの妻になるエリーによれば、フランクルの人生の中で、この本を書き終えたときほど精も根も尽き果てた表情になったことはないという。この本を書き上げたフランクルは、「私の人生には、もう何も待っていない」という表情をしていたというのだ。

また、同じ年に出された二作目の『ある心理学者の強制収容所体験』（邦訳『夜と霧』）は、フランクルが自らの収容所での体験をまとめたものであった。この本もものすごい勢いで口述され、わずか九日間で口述作業は終わったという。

多くの犠牲者に代わって、ホロコーストについて語り継いでいく責任を感じていたフランクルは、この著作を最初は、気兼ねなく自分の考えを述べるために、匿名で刊行した。初版の表紙には、フランクルの名前は載っていなかったのである。出版社も売れるとはまったく思っておらず、初刷りはわずか三〇〇〇部だった。何とか二刷りにはなったものの売れ行きも悪く、フランクルは一〇〇部購入させられ、残りの大半も出版社が断裁したという。しかしその後、世界中で多くの人に読まれていったことは周知のとおりである。

　とりわけその英訳『生きる意味を求めて』(*Man's Search for Meaning*)は爆発的に読まれ、アメリカ議会図書館の調査によれば、「自分の人生に最も大きな影響を与えた本」の第九位に輝いている。第一位はもちろん聖書だが、心理学・精神医学の分野では唯一、ベストテン入りを果たした。

　この後もフランクルの精力的な執筆活動は続き、一九四六年、四七年の二年間で実に六冊の著作を刊行している。その後、一九四八年から一九五二年にかけての五年間も一年に一冊の割合で出し続けている。現在までにドイツ語だけで二十数冊の著作があり、英語でも何冊かオリジナルの著作がある。

　ここから二〇年くらい、つまりフランクルが四〇歳から六〇歳となる一九六〇年代半ばくらいまでが彼が最も活躍した時期であり、またロゴセラピーが目覚ましい発展をとげた時期でもある。

　著作家としてのみならず、臨床家としてもフランクルは精力的に活動し、フランクルが神経科部長を務めたウィーン市立総合病院で、何千という患者を治療し続けた。この病院での臨床においてロゴセラピーの方法は磨かれていった。アカデミックなポジションとしては、ウィーン大学で哲学の分野で二つ目の学位を取得すると共に、一九四八年にウィーン大学准教授、一九五五年にウィーン大学教授に就任している。

「共同責任論」に異を唱えて

ところで解放後、フランクルはある論争にかかわることになる。あれだけの苦難に遭いながら、フランクルはナチの「共同責任論」に異を唱えたのである。

そこには「責任」はあくまで「個人」だけが負うことができるものだという、フランクルの人間に対する思いがある。自己決定、意思決定こそが、その生き方を決める。これは、フランクルの思想に終始貫かれていた考えである。

同時に、フランクルの「共同責任論」に対する異議申し立てには、次のような個人的な体験も影響しているだろう。解放時にフランクルが収容されていたトゥルクハイムでは、解散時に次のような信じられない出来事が起こった。

三人の若いユダヤ人の被収容者が、この収容所の所長ホフマンを、アメリカ兵の目から隠そうと森の中へ連れていったというのである。しかもこの三人の若者は、アメリカ兵と交渉して、ホフマンの身の安全を約束させている。なぜなら、このホフマンこそ、収容所の所長でありながら、自分のポケット・マネーで被収容者のために薬を調達していた人物だったからである。ホフマンは、解放後も自分の就いていた地位と役割のために後悔と自責の念に駆られて自分を責め続けたと言われている。

それにしても、ユダヤ人の被収容者がナチスの所長を救うとは！　フランクルはこの体験から、いかなる環境や地位にあっても、人間として高貴な精神を失わずにすむという確信をますます強めた。フランクル自身、終戦後この高貴な収容所長ホフマンと再会し食事を御馳走しようと思い立ち、彼を探し続けた。しかし発見したときは、既に遅く、彼はもう亡くなっていたという。

自らの学説をもとに、ナチスの「共同責任」という考えにフランクルはことあるごとに反対の立場を表明している。次のようなエピソードもある。一九四六年、フランクルは、フランス占領軍の司令官だった将軍のいる前で、ある講演会で「共同責任」という考えには反対だという態度を表明した。フランクルがナチ党の党員から親切にされた話をすると、聴衆はいらだった。激高した数百名のユダヤ人が立ち上がり、講演を中止させようと、拳をふりあげて威嚇するほどであった。フランクルを「ナチの豚」と呼ぶものもいた。しかし、ユダヤ人の元被収容者が、多くの人の前でナチスの擁護にもとれる発言をするとは、ものすごい決意と勇気を必要とする行為である。元ナチス親衛隊だった男が、涙を浮かべながらフランクルにこう問うた。

「あなたは、なぜそのような勇気が出せたのでしょうか」

フランクルは答えた。「あなたならできません。あなたが口を開けば、自分の立場を擁護することになるからです。しかし私は、かつての被収容者一一九一〇四番です。だからこそ私には、それができるし、またそれをしなければならないのです。そういう私の言うことならば、人も信じることでしょう。これはまさに義務なのです」。

フランクルはかつて被収容者であった人間の「使命」「義務」として、共同責任論に反対の立場をとり続けたのである。

新しい妻、エリーとの新生活

戦後のフランクルの私生活の面についても触れておこう。

『夜と霧』で、新婚九ヵ月で収容所行きを余儀なくされた若き妻ティリーへの思いを語っていることから、フランクルは生涯独身を貫いたと思われる方もいるだろう。しかし、そうではなかった。解放の翌年に交際を始めた女性と、一九四七年に再婚している。これを知って、なんだか裏切られた思いになる方もいるだろう。しかし私は、フランクルの再婚の事実を知ったとき、安堵した。それがなければ、とても耐えてはいけなかっただろうから。

フランクルは解放の翌年、一九四六年、あの『医師による魂のケア』の復元に猛烈に取り組んでいた四一歳のときに勤務先の市立総合病院で、自分より二〇歳も若い、つまりまだ二〇歳であった歯科医の助手エレオノーレ・シュヴィント（呼称、エリー）と知り合い、翌年、結婚している。エリーの美しさと優しさ、そして若さは、つい陰鬱になりがちであった当時のフランクルの大きな支えになった。エリーは正式な看護師の資格を持っていなかったが、仕事ぶりが口腔外科の医師から評価され、手術助手に指名されるほど信頼されていた。

歯科に緊急の手術が必要な患者がきた際にベッドが足りず、エリーが神経科のベッドを借りにフランクルのところに行ったのが最初の出会いだったという。エリーを一目見たフランクルは、助手にこう言ったという。「君、あの瞳を見たかい?」。いわゆる「一目ぼれ」だったのである。

エリーのほうはフランクルについて「ちょっと変わっているけれど、なかなかの人だ」というほどの印象だったという。その後、偶然会った折に、フランクルはエリーにこう語りかけた。
「またお会いできてよかった。実は歯がひどく痛むんです。しかし僕は物心ついたときから歯科医恐怖症なんです。あなたが投げ縄で私を捕まえて上まで引きずっていってくれないと。それ以外に私を歯科医に連れていく方法はありません」。(ハドン・クリングバーグ・ジュニア『人生があなたを待っている2』)

こうして交際を始めた二人であったが、結婚には大きな困難が伴った。宗教上の困難である。フランクルは熱心なユダヤ教徒であり、エリーはカトリック教徒であった。私たち日本人が想像する以上に、宗教の異なる者同士の結婚に、オーストリアでは困難が伴う。カトリック教徒からすれば、結婚前に男性と同居していたことも許されることではなかったし、ユダヤ教徒との結婚も認めがたいものであった。

しかし周囲の反対を押し切って二人は結婚した。一九四七年フランクルが最初の妻ティリーの死亡確認書を受け取ったとき、エリーは既に妊娠四ヵ月であった。その子が一人娘のガーブリエルである。フランクル夫妻は、戦後、ウィーン大学からそれほど離れていないウィーン市内の閑静な住宅街のマリアンネ通り一番地にある住居に住みつづけた。のちに二人の孫を持つこともできた。

フランクルが家族と過ごしている時のフィルムが、一九九〇年代にNHKの特集番組で放映されたことがある。フランクルは何度も舌を出したりして、かなり茶目っ気のあるところを披露していた。同じ番組で流された娘とのインタビューでも、フランクルはかなりユーモアに富んだ父親で、そのため家庭はたえず楽しい雰囲気に満ちていた、という。

特筆すべきは、妻、エリーのフランクルへの徹底した献身ぶりである。自らの使命をまっとうしようと人生のすべてを打ち込んでいったフランクルを、妻エリーは支えることに徹した。世界中への講演旅行でも絶えず行動を共にしていたため、「まるで二人で一つだ」と言われるほどであった。

フランクルは、哲学的でかつ詩的な、深い思索に毎日のように没頭していた。と同時に医師として多くの患者を診て、世界中を講演で回っていた。時間がまったく足りなかった。さらに、晩年視力が著しく低下し、目がほぼ見えなくなった後でも世界中を講演で駆け巡り続けた。きわめて精力的に社会的な活動を生涯にわたっておこない続けたのである。しかしその一方で、実用的な雑務はきわめて苦手で、家庭では電球一つ、交換することができないほどだった。つまり、フランクルは日常的な雑務の一切を妻のエリーに依存していた。エリーはその人生の大半の時間を、フランクルを支えるために捧げ続けた。

著作の大半は、フランクルが語ったことをエリーがタイプで打って出来たものである。フランクルの視力が落ち、字が読めなくなった後は、フランクルに送られてくる手紙や書物をエリーがすべて読み聞かせていたという。まさに、エリーはフランクルの一部であった。エリーは言う。

「私がいないと、彼は自分の世界と自分の思考だけに没頭してしまうの。私は地に足がついた現実的な人間で、彼にはそれが必要なのよ。私が今日死んだら、三日もすれば彼も死んでしまうでしょうね」（前掲『人生があなたを待っている2』）

偉大な人物のおこなう偉大な仕事の陰で、それをひたむきに支え続けている人が存在していることも、忘れないようにしたい。フランクルの臨終の際、彼は妻のエリーにこうつぶやいた。

「もう一度、きみに感謝したい、エリー。きみが人生の中で私にしてくれたすべてのことにね」(同)。

そしてフランクルは、エリーにアパートの中でどこかにあるメッセージを残していることを伝えてこの世を去る。あなたなら、きっと見つけるから、と言って。フランクルは、最後の最後まで、いたずら好きだったのだ。ある日、書棚を整理していた折に、一冊だけ正規の位置からずれているのを発見した。フランクルの主著の一つ『苦悩する人間』であった。この本の中に失明に近い状態だったフランクルが乱れた字で必死に書いたメッセージがあることに気づいたのだ。そこにはこう書かれていた。

エリーへ。あなたは、苦悩する人間を愛する人間に変えてくれました。

戦後、フランクルが自らの使命を果たすことに全力で取り組み続けることができたのは、間違いなく、エリー夫人の支えがあったがゆえである。

「人が人生の意味を見出すのを援助すること」に生涯を捧げた人生

一九六〇年代に入ると、フランクルはヨーロッパ大陸とアメリカ全土をまたにかけて講演旅行を展開し、ロゴセラピーの普及に努めた。一五〇を超える大学に講師として招待され、ハーバード大学、南メソジスト大学、スタンフォード大学などに客員教授として招聘された。一九七二年には、アメリカ、サンディエゴの合衆国国際大学で、ロゴセラピーの教授として採用され、毎冬学期、七年間にわたって教鞭をとった。同大学に設立されたロゴセラピー研究所の所長も務めている。一九七七年には、バークレイの神学協会にヴィクトール・フランクル・メモリアル・ライブラリーとロゴセラピー研究所が設立され、専門家にトレーニングを提供してきた。クラムボウの作成したPIL（人生の目的テスト）や、エリザベス・ルーカスが作成したロゴテストといった心理テストも普及し、ロゴセラピーについてのリサーチが可能となり、多くの学術論文が作成された。

人間性心理学の創始者であるアブラハム・マズローと「自己実現」と「自己超越」をめぐる討論を学会誌上で展開した。真の自己実現は必ず自己超越的要素を含むと考える点で両者の見解は一致した。その関係からか、マズローが中心となって始められたトランスパーソナル心理学会の学会誌の創刊にフランクルも名前を連ねた。一九八〇年一一月には、第一回世界ロゴセラピー会議が開催され、その記録も刊行されている（*ANALECTA FRANKLIANA*）。

この第一回国際会議でフランクル自身も「第一回国際会議に向けての開会講演——ロゴセラピー、その脱権威化への道」という題目の短い講演をおこなっている。この中でフランクルは、ロゴセラピーが科学的なリサーチによって基礎づけられたことについて喜びを表明すると共に、自分がしばしばグル（指導者）のようにみなされ、教条主義的に扱われてしまうことを否定的に考えている姿勢を表明している。

一九九一年、八六歳の誕生日を目前に控えた時点でおこなわれたインタビューで、『フーズフー』（*Who's Who*〔英語刊行図書著者目録〕）の編集者から「あなたの人生と仕事を一言でまとめるとどうなりますか」とたずねられたフランクルは、こう答えた。「私は、他の人々が自分の人生の意味を見出すのを援助することに、自分の人生の意味を見出しました」。（ＨＦＭＬ）

フランクルが亡くなったのは、一九九七年九月二日のことである。九二歳であった。心臓病によるという。エリー夫人によると、フランクルは彼の思想どおり、死の直前まで他者に心を配り続けていたようである。最後までジョークを言って、周囲を和ませようとしていた。

フランクルは、ウィーンの名誉市民の資格を授与されていたので、ウィーンの中央墓地にあるエリート市民のための墓地に入る権利が与えられていた。しかし、フランクルはこの栄誉を断り、中央墓地の中のユダヤ人墓地にあるリオン（フランクルの母親の旧姓）家の区画に埋葬するように強く希望した。

また、マザー・テレサがノルウェーのノーベル平和賞委員会に書簡を送り、フランクルにもノーベル平和賞を贈るように要請していたが、残念ながらこれは実現しなかった。

フランクルは、苦しみの中から立ち上がろうと懸命に生きている多くの人々の心を支え、魂を鼓舞し、生きるエネルギーを与え続けた。彼の死は、そんな人物の不在だけが与えうる「独特の喪失感」を多くの人々に与えた。

フランクルのことを思い浮かべるとき、多くの人は、自らのうちにぽっかりと空いた「穴」のことを――それが今あるものであっても、かつてあったものだとしても――思い起こすはずだ。またフランクルの名前を聞くと、人は、自らの内面にかつて抱えた「苦悩」や「空虚」の痕跡を思い浮かべるだろう。せつなさと、悲しみと、そしてつらく苦しかった体験に耐えぬくことができた自身への誇らしさとともに。

第二部　フランクル思想のキーワード

1 「苦悩する存在」

みんな、がけっぷちで生きている

ヴィクトール・フランクルの人間観の最大の特徴。それは、人間存在を「苦悩する存在」として捉えた点にある。ここが、現代人がフランクルに共感する最大の理由の一つであろう。私たちの多くは、日々、悩み苦しみを抱えている。私のもとを訪れたあるクライアントの方は語った。

私は、日々、がけっぷちで生きています。なんとか、かんとか、生きしのいでいるのです。うつ病とか、パニック障害になるとか、わかりやすい病名がつくと、メンタルクリニックなど行けるところがあると思うんです。

だけど、私のように、何の精神症状も出てなくて、だから病気とは診断されていないけれども、死にたいくらいつらい日々を生きている人間は、行くところがないんです。

どんなにつらくても、うつ病でもなんでもないから、精神科にも行けない。

一人、誰にも理解してもらえない悩み苦しみを抱えているしか、ないんです。

そしてこんな、私のような人間、どこにも行くことができずに悩み苦しんでいる人間がけっこうたくさん、この世界にはいるように思えるんです。

そう彼女は、語った。

私も、深く共感する。「症状が出ていないけれども、深い生きづらさを抱えている人間」がこの世の中には、たくさんいる。そんな生きづらさを抱えている人は、他者から理解されず、孤独だ。そんな人を私は支えていきたいと願っている。「生きづらい人を支える臨床」をしていきたいと願っている。

そしてそんな「生きづらさ」を抱えている人が孤独に苛まれているときに、そっと手にとりたくなる本。それが、フランクルの本である。フランクルの本は、そんな、ひとり生きづらさを抱えて生きている人にとっての「対話の相手」である。

それは、フランクルが人間存在の本質は「悩み苦しむこと」にあると考え、その「ただただ、悩み苦しむこと自体」にすでに意味がある、と考えたからである。悩みや問題の「解決」に意味があるのではない。「答え」が重要なのではない。

「こんなこと、悩んでいて、どうなるんだろう」と自分でも思う。そんな悩み苦しみを多くの現代人は抱えて生きているが、「そんなあなたの悩み苦しみには、それ自体、大きな意味があるんですよ」とそっと手を差し伸べ、肯定してくれる。それが、多くの読者にとってのフランクルという存在である。

ホモ・パティエンス（苦悩する存在）

自らの内面に悩み苦しみを保持し、内的に「悩み苦しみ通すことができること」に人間存在の本質はある、それこそが人間の人間たるゆえんだとフランクルは考えた。こうした「人間苦悩論」が正面から展開されているのが、著作『苦悩する人間――苦悩の擁護論の試み』(*Homo Patiens: Versuch einer Pathodizee*, 1951) においてである。

戦後、収容所から解放されたフランクルは、デビュー作『医師による魂のケア』『夜と霧』『それでも人生にイエスと言う』という代表作三作を一九四六年に口述筆記や講演記録をもとにいっきょに執筆している。そしてその後の五年間（フランクル四一歳から四六歳の五年間）において、より深みと厚みがあり、より体系立った心理臨床学的な人間存在論を『心理療法の実際』『時間と責任』『無意識の神』『制約されざる人間』『苦悩する人間』『ロゴスと実存』等において展開している。

その後もフランクルは多くの著作を記し、特に一九六〇年代以降アメリカを頻繁に訪れるようになってからは、よりわかりやすく明快な著作が増えている。もちろん、これらの著作も重要な意味を持っているが、それはロゴセラピーおよびフランクルの思想の「普及」といった色彩が濃いものになっている。

それに比べて、一九四七年からの五年間に刊行された著作にはいずれも、濃密な精神的エネルギーとフランクルの独自の思想の萌芽が育まれている。私自身、何度も読み直しても新しい発見が得られる。フランクルの著作活動が最も濃密な形で展開されたのが、この五年間なのである。『苦悩する人間』は、フランクルの著作家としてのこの全盛期に執筆されたものである。そして副題に「苦悩の擁護論の試み」とあるように、可能であるならば避けるべきものとしてのみ言及されがちな「悩み苦しむこと」の持つ意義について深い考察が加えられている。

苦悩は、それ自体、既に一つの「業績」である。そして、正しく悩みぬかれた苦悩は、悩める人に、成長をもたらしてくれる。（HP）

私たちは、苦悩する限り、心理的に生き生きとしているのである。またさらに私たちは、苦悩において成熟し、苦悩において成長するのである。苦悩は私たちをより豊かにし、かつまた強靱にしてくれるのです。（HP）

これまでさまざまな思想家が、人間の本質についてさまざまな学説を唱えてきた。リンネ（一七〇七―七八。一八世紀のスウェーデンの博物学者）は「人間は考える存在（ホモ・サピエンス）である」と言い、一九〜二〇世紀のフランスの哲学者ベルクソン（一八五九―一九四一）は、「人間は工作する存在（ホモ・ファーベル）である」と言った。オランダの歴史学者ホイジンガ（一八七二―一九四五）は、「人間は、遊戯する存在（ホモ・ルーデンス）である」という説を唱えた。このようにさまざまな学者たちが人間の本質をさまざまな側面から捉えて自説を唱えてきた。フランクルは、人間存在の本質、「人間が人間たるゆえん」を「苦悩する」という点に見出して、「人間は苦悩する存在（ホモ・パティエンス）である」と言ったのである。

ホモ・サピエンスという人間の定義が理性や知性に人間の本質があると考えるのに対して、フランクルのホモ・パティエンスという定義は、「苦悩」という点に人間の本質を見出している。

なぜそう考えたのか。犬や猫などのさまざまな動物には、快・不快はあるけれども、快・不快を超えた「精神的な苦悩」は存在しない。「精神的な苦悩」を経験するのはただ人間だけであって、その点にこそ人間の人間たるゆえんがあると、フランクルは考えたのである。

痛み（苦痛）と苦悩の違い

では、単なる「苦痛」や「不快」と「苦悩」との違いはどこにあるのか。それは「内面的に保持される」という点にであろう。たとえば、ペン先で突かれると痛みを感じる。これは「苦痛」である。苦痛は、自分の内面とは無関係に外側から与えられるものである。苦痛は、外部から一方的に与えられたものである。一方、「苦悩」は、その人の内面において主体的に受け止められ保持されたものである。たとえば、私が今、偏頭痛で苦しめられているとする。これは単なる外的な「痛み」である。

しかしこの「痛み」＝「偏頭痛」を、私が自らのものとして主体的に受け止め、内的に保持するとき、「単なる痛み」は「苦悩」に変わる。偏頭痛自体は「痛み」「苦痛」にすぎない。しかし「偏頭痛にたえず苛まれ、何事にも集中できない。そんな自分を持てあまし、気持ちの持っていき場に困っている」という「自分」に意識を向けると、これは「苦悩」に変わる。「苦悩」には「自己」が関与している。「痛み」が外側からの刺激であるのに対して、「苦悩」は「自分自身と分かちがたく絡み合っているもの」である。「苦悩」はすでに「自己の一部」なのである。

これは重要な区別である。

「痛み」しかないのであれば、それは「医者に行って、痛み止めでももらってください」ということになる。「痛み」自体は、投薬によって緩和可能なのである。それは精神症状、たとえばうつ的な気分の変調についても同様である。

こうして「痛み」が薬物療法の対象であるのに対して、「苦悩」はカウンセリングや心理療法の対象となる。先の例で言えば、「偏頭痛にたえず苛まれ、何事にも集中できない。そんな自分を持てあまし、気持ちの持っていき場に困っている」と語るクライアントの「日々のしのぎ方」「自分自身とのつきあい方」を支える。「痛み」そのものはカウンセリングのテーマとはならないが、「痛みとどうつきあうか」「痛みとどうつきあい、生活の質を保持するか」はカウンセリングの重要なテーマである。これはきわめて人間的な内面的事象である。

「悩み苦しみ」を内面的に保持し苦悩し通す、ということは、ただ人間だけにできることであり、人間特有の行為である。このことにフランクルは着目したのである。犬や猫にほんとうに「苦悩」はないのか、実際は犬や猫に聞いてみないとわからない。私たちは犬や猫の視点に立つことは不可能なので、実際のところはわかりようがない。

フランクルが「苦悩」というときに思い浮かべているのは、自らの人生に与えられた「運命」に対する苦悩である。苦悩すべき「運命」に直面していないのに、自らを憐れみ苦しむのは、フランクルの言う「苦悩」とは異なる。

この敢然さ、この苦悩への勇気。これこそが重要なのだ。苦悩を引き受けること、運命を肯定すること、運命に対して態度をとることが大切なのである。この道を歩んでこそ、私たちは真理に近づき、真理の近くに来るのだ。それは、この道を歩んでこそできることであって、苦悩を恐れ、苦悩から逃げる道をとっていてはできないことなのである。(HP)

何らかのつらく苦しい運命に置かれたときに、その運命を敢えて自ら引き受けること、自分の苦しい運命に対して「よし、私はこういう人生を生きていこう」と受け入れることに大きな意味があるのである。

「苦悩」という「能力」

フランクルの「苦悩論」のもう一つの特徴は、「苦悩」を一つの「能力」と捉えた点にある。「苦悩が持ちうる意味、苦悩する能力そのものの価値、価値としての苦悩能力。こういうものについては、

単純で素朴な人間も本能的に知っている」。（HP）

多くの人は、「悩むことによって私たちは成長している。悩むことが人間としての成長や成熟を支えている」ということを心のどこかで秘かに知っているだろう。「悩む」とは、私たちが抱える否定的な感情を「自分の内側で内面的に保持する」ということである。「否定的な感情を自分の内側で保持する」ことができるから、「悩む」ということもできるわけである。

そう考えると、現代のクレーム社会は、フランクルの言う「苦悩する力」「人間特有の能力」が著しく低下している社会であると言わざるをえない。モンスター・ペアレント、モンスター・ペイシェントなどと言われ、学校や病院などにクレームをつける人が増えている。子どもから中高年まで、世代を問わずに「キレる子ども」「キレる大人」が増えている。「一億総クレーマー時代」とも言われる今の日本の社会は、自分の抱く否定的な感情をすぐ外に表出しないではいられない社会である。この社会は、「否定的な感情を自分の内側で内面的に保持する力」、すなわち「苦悩する能力」が低下している社会であると言えるだろう。こう考えると、「悩む」ことのできる「能力」というフランクルの考えは、現代社会においてこそ、大きな意味を持つものであるとも言えるだろう。

「苦悩する能力」を失った失感情症（アレキシサイミア）

フランクルが、「苦悩する能力」の欠損例として取り上げるのは、失感情症（アレキシサイミア）の患者である。

失感情症の症例では無感情が表れる。患者が訴えるのは、苦痛をまともに感じることができない。喜びや苦しみという本来的な感情を起こせない。泣くことすらできない、ということだ。〔中略〕

いかにも逆説的に聞こえるかもしれないが、この病気の患者は、自分が患っている苦悩無能力（苦しむことができないこと）に苦しんでいるのである。

たとえば、私が体験した症例では、ある女性患者は歯痛がないことを嘆き、訴えた。そして、虫歯を抜歯した後では、抜歯が痛くなかったことを嘆き、訴えた。これでわかるのは、人間は世界との感情的交流を失いたくないものだということである。たとえ、そのために不快がもたらされる危険を冒さなくてはならないような場合でも、世界との感情的交流を失いたくないものなのだ。（HP）

人間というのは、たとえそれが苦しみや悲しみであっても、感じないでいるよりは感じていたい、と望む生き物なのだ。私たちはふつうであれば、たとえば、失恋をするとつらいし、桜を見たら「美しいな。春が来たなあ」と感じる。嬉しいことがあれば嬉しいと思え、苦しいことがあれば苦しいと思える。こうしたことを私たちはごく当たり前のことと感じている。しかし「失感情症」という病は、こうした自明視されている心の動きが「苦悩」という「能力」の存在を前提にしたものであることを教えてくれる。

失感情症の患者は、日々の生活が無味乾燥に感じられる。日々がこんなに無味乾燥であるならば、苦しみがあるほうがまだましだと訴えるのである。フランクルは、こうした臨床例をもとに、「苦悩する能力」を持っている、ということに人間存在の本質を見出すのである。

フランクルの臨床的苦悩論は、森田療法の創始者森田正馬に通じるものがある。森田は、「煩悶即解脱」を説いた。あなたが今、何かに思い煩い、急き立てられ、痛みや苦しみを感じているのであれば、そのままでいい。徹底的に苦しめ。そうすれば、いつの間にかその状態から解放されて楽になれるから、と説いた。

苦しんで苦しんで苦しみぬく。悩んで悩んで悩みぬく。

そうやって、悩み苦しみがとことん深まり極まったときに、人はその悩み苦しみからスポンと抜け出ることができる。この人間精神の逆説的真理を森田正馬とフランクルは共に突くのである。

2　バイ－ザイン（もとにあること）――精神のリアリティ

真の苦悩とマゾヒズムの違い

人間の本質は苦悩にある、というフランクルの考えを正しく理解する上で重要なのは、真の苦悩とマゾヒズムとの違いである。

フランクルは、「悩み苦しむのはいいことだ」「悩み苦しむこと自体に意味がある」と言っているのではない。いつも「人生は苦しいものだ」と重苦しい表情をしている人のほうが、笑顔を絶やさない人よりも人間として厚みがある、などと言っているのでもない。

それでは「倒錯したマゾヒズム」になってしまう、とフランクルは批判する。フランクル自身も、よく知られているように、常にジョークで周りを笑わせようとする、明るく快活な人物であった。フランクルは、「正しい仕方で悩み苦しむこと」「意味のある仕方で悩み苦しむこと」が重要だ、という。

　自分に課せられた苦悩をどのように引き受けるか。「どのように」苦悩するかにこそ、「何のために」苦悩するかという問いに対する答えがある。（HP）

すべては姿勢に、苦悩に対する態度にかかっている。もちろんその苦悩は、運命と呼べる必然的な苦悩でなければならない。そのような苦悩だけが意味を実現できるのであり、態度価値の実現を可能にするのである。

「悩むために悩む」とか「重厚さを装うために悩む」というのは、自己目的的な苦悩である。いや、苦悩のポーズにすぎない。では正しい苦悩とは何か。

それは「何かのため」に思いをはせるような苦悩である。自己目的的な苦悩ではなく、「何かのため、あるいは、誰かのため」の苦悩である。真の苦悩は、自己目的的なものではない。自己目的的になった途端、苦悩はすぐにマゾヒズムに転化してしまうのである。

苦悩を志向できるためには、私たちは苦悩を超越しなければならない。言い換えれば、苦悩を志向し、意味のある仕方で苦悩することができるのは、何かのため、誰かのために苦悩するときだけなのである。つまり、苦悩は、意味で満たされるためには、自己目的的であってはならない。自己目的になった途端に、どんな苦悩への覚悟、犠牲への覚悟も、すべてマゾヒズムに転化してしまう。意味に満ちた苦悩とは、「何々のため」の苦悩なのである。私たちは、苦悩を受容することによって、苦悩を志向するだけではなく苦悩を通りぬけて、苦悩と同一ではない何かを志向する。私たちは苦悩を超越するのだ。

意味に満ちた苦悩は、いつでも苦悩そのものを超越した何かに向かっている。意味に満ちた苦悩は、私たちが「そのために」苦悩するその当のものを指し示している。（HP）

真の苦悩は、「何かのために」悩む苦悩、あるいは「誰かのために」悩む苦悩である。この点は、フランクルの思想の本質である「精神の志向性」ということに密接にかかわっている。

実存的認識

フランクルは人間精神の「志向性」について、Bei-sein（バイ＝ザイン＝……のもとにある）という独自の概念を提示している。

「バイ＝ザイン」について、フランクルは、人間精神の本質がその「志向性」にあることを示す概念であると言う。とは言っても同じく精神の志向性を強調するフッサール現象学とは異なって、単なる対象の本質の認識（本質的認識）ではなく、認識する者自身が現に他の存在者のもとにあるという「実存的認識」なのだと言う。「エッセンチアは――精神的な存在者によって本質的に認識されて――エクシステンシアに〝接してある〟。そしてエクシステンシアは――他の存在者を実存的に認識しつつ――他の存在者の〝もとにある〟」。（UM）

そしてフッサール現象学における本質の認識が、結局のところ、単に対象の本質の認識にかかわる「対象的認識」にすぎない（それゆえまた、対象の本質をどれだけ捉ええたかという相対的認識にすぎない）のに対して、他の存在者の「もとにある」という実存的認識は、さまざまな対象的認識に先立ち、その条件としてそれを可能にする「絶対的認識」であると言うのである。

私はここで、『夜と霧』においてフランクルが妻の面影を思い浮かべる、あの場面を思い出す。冷たい風の中を工事現場へと行進させられながら、妻の面影をありありと思い浮かべ、妻の面影と対話したフランクル。あのとき、フランクルは、妻ティリーの「もとに、実際にいた」のだと私は思う。これが単なる「対象的認識」と異なる「実存的認識」である。そして「相対的認識」ではない「絶対的認識」である。

たとえば、愛する人のために真に苦悩するとき、その人は「愛する人のもとに」いる。あるいは、亡くなった人のことで悲しみにくれ、その人のことに思いをはせて苦悩するとき、その人は「亡き人のもとに」いる。フランクルの「バイ‐ザイン」という概念は、苦悩する人の悲しみのリアリティ、苦悩する精神のリアリティを浮き彫りにするものである。

3　実存的空虚——「心の穴」

どこまでも透明な絶望感

フランクルの現代的な意義の一つは、彼が「実存的空虚」、多くの人の内側にぽっかりと空いている「心の穴」の存在に着目している点にある。序章でも指摘したように、人は、自己の内面の空虚であることを認めざるをえないときに、フランクルを読むのである。

では、実存的空虚とは何か。それは、病理現象ではない。健常者が自らの内面に抱えてしまう、人生における空虚感のことである。実存的空虚は、現代という時代に親和的である。現代という時代に親和的な実存的空虚を、私はある著作（『自己成長の心理学』コスモス・ライブラリー）で、「透明な空虚感」と名付けた。日本で暮らしている人の少なからずが、今、「どこまでも、透明な空虚感」とでも言うべきものに捕らわれている。

それは、今は暗黒の闇の中にいるけれども、そこから脱出できれば明るい未来が見えてくる、といった類の絶望ではない。

人生の深い谷間に沈んでいる。そのような絶望ではない。

それはむしろ、どこまでいっても同じことが繰り返されていくだけの透明な絶望感。どこまでもまっ平らな未来の、先の先まで透けて見えてしまっていて、そこから抜け出すことなど永遠に不可能なように思える、そんな絶望感。

ただ、今と同じ日常だけがどこまでも、繰り返されていく。そんな現代日本社会は、言うまでもなく、ナチスの強制収容所に比べれば、とんでもないほど豊かで平和な社会である。

しかし、どこまでいってもただ同じ毎日が繰り返されるだけであり、そこから脱出できる未来が見えないという意味では、この国に暮らす一部の人にとっては、日本社会そのものがまさにある種の「収容所」である。ならば海外にでも脱出すればいいと思われる向きもあるかもしれないが、監禁され自由を奪われた人の少なからずが感覚を麻痺させていくように、毎日を日本社会という収容所の中で繰り返し過ごしているうちに、そこから抜け出す術はまったくないかのように錯覚してしまう。「外部への想像力」を遮断されてしまうのだ。

そこにあるのは、「先の先まで見えてしまう絶望感」である。「今もそこそこ幸福であるが、これ以上の幸福などどこにもないことが、あらかじめわかってしまっているという無力感」である。「未来には何も待っていない」と感じた人間は、自分のことを価値ある存在とみなせなくなっていく。カウンセリングを受けるために、私のもとを訪れる多くの人が言う。「誰かに必要とされる存在になりたい。誰からも必要とされていなかったら、自分のことを価値ある存在と感じることができなくなってしまうから」。

絶望とは、自分は誰からも必要とされていないし、未来で自分を待っているものなど何もない、と感じている状態のことだろう。だとすれば、今の日本を覆っている感情は、まさしく絶望である。

第一部で紹介したが、フランクルが捕らえられていたナチスの収容所で、あるとき、「クリスマスが来れば、解放されるらしい」という噂が流れた。しかし、実際にクリスマスが来ても解放されないことがわかったとき、多くの人が次々と倒れ、死に至ったという。人間は、時間的な展望の中でしか、意欲を持って生きていくことが難しい存在であることを生々しく立証しているエピソードである。それは言い換えれば、「未来に、何かが待っている」と思えなければ、人生を肯定して生きていくことは難しいということでもある。

透明な絶望。

幸福な無力感。

未来には何もない、という確信に近い感覚。

それに覆われた私たちに、フランクルは語りかけてくれる——「あなたがどれほど人生に絶望したとしても、人生があなたに絶望することはけっしてない」。

二つの実存的空虚

「実存的空虚」(das existentielle Vakuum) についてフランクルは言う。

この無意味さの感情は、今日では、劣等感をしのいでおり、そのことは神経症的疾患の原因にかかわっています。今日の人間は、自分のもっている価値が誰か他の人間の価値より劣っているという感情に悩むよりも、むしろ、自分の存在が何の意味ももっていないという感情に悩んでいます。（LSL）

あるアメリカの大学生はフランクルに次のような手紙を送ってきたという。

私はここアメリカにいて、自分の現存在の意味を絶望的に探し求めている私と同年輩の若い人たちにぐるりと周りを取りかこまれています。私の最上の友人の一人は、まさにそのような意味を見出すことができなかったために、つい先頃亡くなりました。（LSL）

また別の学生は、次の手紙を送ってきた。

僕は学位をもち、ぜいたくな車を所有し、金銭的にも独立しており、また僕の力にあまるほどのセックスや信望も思いのままです。僕にわからないのはただ、すべてのものがどのように意味をもつべきかということだけです。（LSL）

これはもはや病歴報告でなく、むしろ人間としての苦しみの表現として理解すべきだとフランクルは言う。そして、こうした「自分の存在が何の意味も持っていないという感情」「底無しの意味喪失感」をフランクルは「実存的空虚」と呼ぶのである。

フランクルは、人間が「実存的空虚」に捕らわれる根本原因を、動物と違って、人間には何をしなければならないかを告げる衝動や本能はないことに求める。たしかに、もし人間が本能に固定された存在であれば、「こんなことをしていてどうなるんだろう」などという自己への疑念に捕らわれることはないはずだ。精神分析学者である岸田秀も言うように、人間は「本能の壊れた動物」だから、不安や空虚感に捕らわれるのである。

もう一つ、フランクルが「実存的空虚」に捕らわれる原因としてあげるのは、現代にはかつての時代と異なり、何をなすべきかを告げる慣習や伝統、価値が存在していないことである。現代人は、本能によって行動の指示を与えられないばかりでなく、社会からも何をなすべきかを教えられない。だから現代人はしばしば、自分がほんとうは何をしたいのかさえわからなくなることがある、というわけである。

「実存的空虚」には、次の二種類がある。

一つは、突然のアクシデントや挫折によってもたらされるもので、いわば「急性」の実存的空虚、「絶望型」の実存的空虚である。たとえば、一人息子のいのちを交通事故や暴行事件で奪われた母親。たとえば、結婚の直前にフィアンセに捨てられた女性。あるいは、何十年もかけて取り組んできた研究が失敗に終わった科学者。こんなときに深い絶望感に捕らわれてしまうことは、誰にでもすぐ理解できるであろう。これが「急性」型の実存的空虚である。

そしてもう一つの、より一般的な実存的空虚は、いわば「慢性」の実存的空虚、「退屈型」の実存的空虚である。

特に大きな悩みがあるわけではないけれど、どこかむなしい、何か足りない、という空虚感。それから逃れようと、人は仕事に遊びにと明け暮れる。もし立ち止まって、自分の心がむなしいこと、からっぽであることを認めてしまうと、たちまちにして「底無し」の泥沼へと引き込まれていってしまうから。それを恐れて現代人は、ますます生活のテンポを速めていく。たえず自分を忙しくすることで感覚を麻痺させてしまおうとするのである。

フランクルは言う。

スピードは今日の人間にとって意味への意志のフラストレーション、不満、不充足を麻痺させる役目をしている。現代人は、自分がどこから来てどこへ行くのかを知らない。それを知らなければ知らないほど……現代人はますます足早にこの道を通り過ぎていく。（TTN）

物理学のみならず、心理学においても真空嫌悪、空虚への恐怖が存在する。〔中略〕私は、現代の生活のテンポの加速を実存的フラストレーションを自分で癒そうとする無益な試みとみなす。というのも、人間は生きる目的を知らないとき、それだけ生活のテンポを速めるしかないか

らである。(LSL)

仕事だ、勉強だと多忙な毎日を送る。たえず刺激と快楽を追い求める。現代人のこうした多忙さの背後に、フランクルは、自らの内的空虚から逃避しようとする隠れた動機を見てとる。たえず自分を忙しくし、「職業的過剰活動」と「遠心的レジャー」に自分をさらし続けることで、感覚を麻痺させてしまっている現代人にとって最もおそろしいもの。それは「退屈」である。

仕事中毒の人にとって最もおそろしいものは、「何も仕事がない日」である。日曜日にウィークデイの慌ただしさがやんで、実存的空虚が彼らの中で口を開けると、自分の生活の内容のむなしいことを意識せざるをえなくなる人がいる。フランクルは「日曜神経症」と呼んでいる。

土曜も日曜も関係なく働き続けて、おまけに休みの日も必ずどこかに出かけていかなくては気がすまない。こうした行動に人を駆り立てるのは、感覚を麻痺させて、自分に刺激を与え続け、内的空虚を見つめまいとする隠れた動機なのである。人は、自らの内的な空虚さから逃避する手段として、「多忙さへの逃避」を用いるのである。

人は、生きる意味を求めてもそれを得られず、内的に空虚であることに苦しみ続ける。しかしそれはけっして、「心の病」として治療の対象にされるべきものではなく、「人間の成長にとって大きな意味を持つ体験」であると考えるところにフランクルの考えの独自性がある。

ところで、人間の現存在の意味所有性というようなものへの憂慮を初め、それに対する懐疑も、いやそればかりでなく、人間の実存の無意味さと思われているものについての絶望でさえも、けっして病的な事態、病理学的現象ではありません。そして私たちはこのような見解――これは病理学主義と言うことができるでしょう――をほかでもない臨床の領域では避けなければならないのです。なぜなら、自己の実存の意味への気がかりは、現に人間そのものをきわだたせるものだからです。――そのような気がかりに襲われる動物は想像することができません――そして私たちはこのような人間的なこと――いやそれ以上に、人間におけるこの最も人間的なこと――を単にあまりに人間的なことに、たとえば、なにかしらの弱さ、病気、症状、コンプレックスなどにしてはならないのです。（LSL）

4　幸福のパラドックス——求めれば求めるほど、逃げていく

幸福の追求

実存的な空虚に陥った人に必要とされるのは、「孤独になって自分と向き合う時間」である。

職業的過剰活動と遠心的レジャーの間を行ったり来たりしている人は、ものをじっくり考える時間がない。〔中略〕私たちは、沈思と瞑想をおこなうような新しいタイプの余暇を必要としている。そのためには人間は、孤独になる勇気が必要である。（ＷＭ）

「孤独になる勇気」——それが、私たちが自分を見つめるために必要なものである。そして「孤独への勇気」を持ち、自己を見つめるとき、人が気づくのは、自らの内面の「空虚」を生み出しているものは、自分自身がとってきた「生き方の姿勢」なのだということである。それは、自らの「幸福」そのものを直接に追求するような姿勢である。

「幸福の追求」は幸福を妨げる。（ＷＭ）

幸福の追求は自己矛盾である。〔中略〕私たちは幸福を獲得しようとすればするほど、それを獲得できなくなる。（PE）

幸福を追求することはできない。〔中略〕幸福を意識することによって、人は幸福になるための理由を見失い、幸福それ自体が消えていかなければならなくなる。（WM）

フランクルの幸福論は、逆説的だ。それは、「幸福になりたい」「自分は幸せでいたい」という願いを抱き、その願いの実現に向けて「幸福」を追求していくと、人は果てしない欲望ゲームの虜《とりこ》となって、たえずむなしさ、満たされなさを抱え込んだ「永遠の欲求不満状態」に置かれてしまうという幸福の逆説性に着目したからである。古くから哲学者たちは、幸せは追い求めれば求めるほどするりと逃げ去ってしまう、ということを見抜いていた。これを「幸福のパラドックス」と呼び、その罠に陥ることがないように戒めてきた。

自分の幸せを追い求める人間は、どこまでいってもそれを手に入れることはできないという「幸福のパラドックス」――フランクルも、この幸福の逆説性、自分の幸せを求めるとそれは逃げていってしまうという矛盾について深い洞察に達していた。

人が幸福になることができるのはむしろ、自らの幸福を顧みなくなったときである。自らのことを顧みず、自分の使命・天命であると思えるような「何か」にひたすら没頭していくとき、その「結果」として幸福は自然と生じる。「もし幸福になる理由が存在すれば、幸福は結果としておのずと、つまり自然発生的かつ自動的に生まれてくる。このことが、人間は幸福を追求する必要はないことの理由である」。（WM）

自己実現

同じことが「自己実現」についても言えるとフランクルは指摘する。「自分探し」という言葉があるように、「ほんとうの自分」「真の自分」がここではないどこかに存在しているはずだと信じて、人はその「真の自分」を追い求める。しかしここではないどこかに、「真の自分」などありはしない。その結果「ほんとうの自分」を求めれば求めるほど、人は自分自身を見失っていく、という本末転倒が生じる。

自己実現は、本来一つの結果、意味実現の結果であるし、そうでなくてはならない。人間は世界において、自分の外にある意味を実現する程度に自己実現する。

逆に人間が、意味を実現せずに自己を実現しようとすれば、自己実現は直ちにその正当性を失ってしまう。（STHP）

　それはまるで、的を外したブーメランがそれを投げた人のもとに返ってくるような現象である。「ブーメランは、的を外したときにだけ、それを投げた猟師のところに戻ってくる。同様に人間も、自分の使命、なすべきことを見失ったときにだけ、つまり、意味の探求が挫折したときにだけ自己に戻り、自己について考え始め、自己実現を意図するようになる」。（ＳＴＨＰ）

　すなわち、「自分探し」とは、自身を見失ったときだけなされるものである。自分を見失ったときに「自分探し」は始まる。そして「自分探し」をしているうちは、けっして、「自分」は見つかることがないのである。

5 「人生の問い」の転換

人間は、人生から問われている

フランクルを専門に研究し深く学ぼうとする者の多くが、最も強く惹き付けられているのが、このキーワードである。フランクルは読者に人生を違った角度から見せようとする。

これまでとはまったく異なる逆さの立ち位置から、人生を捉え直すように迫ってくるのである。この点、すなわち、読者に自分の人生を捉える際の「立脚点の変更」を迫ってくる点、そしてそれによって、「人生というものがこれまでとはまったく異なる見え方をしてくる点」にこそ、フランクル心理学の核心が存在している。

多くのフランクル研究者が惹き付けられていった重要な個所は、『医師による魂のケア』の次のくだりである。

世界体験の根源的な構造を振り返るために一歩退くと、人生の意味を求める問いにコペルニクス的転換が生じる。人生が人間に問いを発してきている。人間は、「人生から問いかけられている存在（der vom Leben her Befragte）」である。人間は、「人生からの問い」に答えなくてはならない。人生に責任を持って答えなくてはならないのである。そしてその答えは、「人生からの具体的な問いかけ」に対する「具体的な答え」でなくてはならない。（ÄS）

この言葉は、鮮烈である。人生を、まったく異なる角度から見ることを迫ってくる。「自分は人生をどう生きたいか」――私たちは、自分の人生を考えるとき、こう考えることに慣れている。フランクルは、これを禁じる。あるいは、ストップをかける。そのように人生を考えるあなたのその考え方そのものに、「自己中心主義」「人間中心主義」が潜んでいる。傲慢だ、捨て去れ、と迫ってくる。では、どうすればいいのか。

「自分」や「人間」を主とする傲慢さを捨て去れ。「人生」を主とし、「人生からの問いかけ、呼びかけ、要請に応答する人間」という立場に自らを置け。フランクルはそう言うのである。

フランクルは、人生の本質は「私たち人間に問いを発してくる」ところにあると言う。「人生が、人間に問いを発してきている」。

「生きていて何になるのだ」「人生なんて、無意味ではないか」などと、人間はしばしば「人生に対して」問いを投げかける。

人生の意味や目的に対して、疑問を感じ、問いかける。それがふつうのことだと私たちは考えている。

しかしこの「人生と人間の関係」は、傲慢なる人間の「自己中心主義」である。本末転倒の倒錯したものである。

そうではなく、本来は、「人生が人間に問いを発してきている」。人生が人間に、この一瞬一瞬に、問いを発してきている。人間は「人生に問いを発する」のではなくて、この「人生からの問い」に「応えなくてはならない」。

「人生からの問い」が主であり、先であって、それに応答するのが人間本来の役割である。

「人生からの問い」を引き受け、それに答えていくこと。ここに「人間と人生との本来的関係」はあるとフランクルは言うのである。フランクルはこうして、人間と人生とを日常的な仕方とは「逆さ向き」に捉えることを提案する。

「人生」が主であり、「人間」は従である。「人生からの問い」が先であり、それを引き受け応答する「人間」が後である。これはちょうど、地上での生活を主とし、人間中心の生活を当然のこととしてきた人が、「天」こそが主であり、人間の地上での生活は「天からの呼びかけ」に応えるためにあるものだ、と考え始めるのに近い。

こうしたフランクルの考えに初めて接するとき、多くの読者は、戸惑いを隠しきれない。私も、そうであった。この文章に出会ったとき、最初、面食らった。人間が人生に問いを発するのに先立って「人生からの問い」が発せられている。「私の問い」よりも「人生からの問い」が先である。

人間は「人生を問う者」としての立場を捨て去って、「人生から問いかけられている者」という受動的な立場へと、自らの立ち位置を百八十度、徹底的に転換しなくてはならない。フランクルは、そう言うのである。読者は、「人生」に対する自らの立ち位置をぐらぐらと揺さぶられる。これまでの人生において自明な前提であった自己中心・人間中心の立場から、自明性が剥奪される。それによって、足場が揺らぎ始めるのである。

「人生の立脚点」の転換

フランクルのこの考えを最初目にしたとき、私の足場も揺らいだ。それは、人生をそれまでとは逆さまに捉え直すことを迫られる体験であった。

この個所を最初に読んだときの私は高校二年生。哲学神経症とでもいうべき状態に追い込まれて日々を過ごしていた。「人生のほんとうの意味と目的とは何か」「そのためにどう生きればいいのか」――この問いの答えを手にすることができないまま生きていくことはとうてい許されない。そうした思いを抱えた私は、観念的な問いを一〇年近くにわたって強迫的に問い続けることで、じわじわと精神的に追い込まれていった。

生き続けていくためには、この問いの答えがどうしても必要であった。だから私は、どれほど追い詰められても、その問いを手放すわけにはいかなかった。間断なく、ひっきりなしにこの問いを問い続けた――観念的な問いにたえず急き立てられ続けた私の生活は、外界との生きた生命感ある接触を失い、自明性を欠いたものとなっていった。私の精神はジリジリと追い詰められていった。そのときに出会ったのが、フランクルの言葉――「人間が人生の意味は何かと問う前に、人生のほうが人間に問いを発してきている。だから人間は、ほんとうは、生きる意味を問い求める必要なんかないのである」という言葉である。

「人生の真の意味と目的とは何か」という問いの答えを何が何でも手にしなくては、と思っていた私は、「それ自体が傲慢だ」と強烈な平手打ちを食らったかのような衝撃を受けた。そして次第に、自分の立ち位置が、ぐらぐらと揺らぎ始めた。

人間は本来「人生から問いかけられている者」である。

私たち人間は、「何のために生きているのか」「この人生に意味なんてあるのか」と思い悩むことがしばしばあるけれど、ほんとうは、そういったことに悩む必要なんてこれっぽっちもありはしない。なぜなら、「私たちがなすべきこと＝実現すべき意味・使命」は、私たち人間がそんなふうに思い悩むかどうかとかかわりなく、「私を越えた向こう」から常に既に送り届けられてきているのだから。「何のために生きているのか」という問いの答えは、私たちが何もしなくても、既に与えられている。

私たちがなすべきこと、おこなうべきことは、私たちの足下に、常に既に送り届けられてきている。私たち人間にできること、なすべきことは、「人生のほうから自分に与えられている意味と使命」を発見し実現すること。それだけである。ただそのことだけを私たちは、求められている。だから私たちは、何も思い悩む必要はないのだ。

人生のこの、素晴らしい真実。後はただ、私たちがこの素晴らしい真実に目を開くだけ。勇気を持ち、こだわりを捨てて、この素晴らしい真実を受け入れるだけ。人生のこの逆説的な真実を、フランクルの「人生から問われている存在」という言葉は示しているのである。

「私はどうしたいのか」と考えるのでなく、「人生は私に今、何を求めてきているのか」と考える

人間は、「人生から問いかけられている存在」である。「人生からの問い」――この新たな立脚点に、最初、人は戸惑う。しかし実際に本気でこの立脚点に立ってものを考えてみると、人生の問題が次第にまったく異なる様相を呈してくることが手に取るようにわかってくる。人生のさまざまな問題が、「人生からの問い」という立脚点から捉え直すことで、まったく異なる様相を帯びてくる。

私たちの人生は、まさに「問題」だらけである。仕事の問題、人間関係の問題、結婚や恋愛の問題。子育ての問題、家族のトラブルの問題、お金の問題、自分自身の生き方の問題。病気の問題、老いや死への恐怖……。こうしたさまざまな問題は、すべていずれも「人生からの問い」である。

私たちはたえず問われている。「それにお前は、どう答えるのか」と迫られている。

そう考えると、自分が日々抱えている「問題」を「悩む」ときの「立ち位置」が変わってくる。たとえば「あの人と結婚したほうがいいかどうか」という問題。私たちはふつう、「自分が自由に答えを出していい悩みで、だからこそどうすればいいかわからずに困っている」と思っている。そして、「自分でどのようにも答えられる問題だ。一つの正解はない」と思い、だからこそ、その悩みを抱えてくよくよ悩んでしまう。

フランクルは、こうした悩みを、「自分の悩み」としてではなく、「人生からの問い」として受け止め直せ、と言う。私の人生は、私に、その人と結婚することを求めているかどうか。私の人生は、私に、もし結婚するならばその結婚を通して何を成就しどのような体験をすることを私に求めてきているのだろうか。もし結婚しないのであれば、結婚しないことを通して、何を実現することや何を実現しないことを、人生は私に求めてきているのだろうか――そのように自問しながら生きよ、というのである。

私たちは往々にして、「自分の悩みに自分で答えを出す」ことがごく当たり前のことのように考えがちである。しかし、フランクルの「人生からの問い」という概念を経由すると、「自分の悩みに自分で答えを出す」ことではなくて、「結婚の悩みという形で発せられている人生からの問いに、どう答えることができるか」が重要となるのである。

あなたの悩みは、ただ「あなたが抱えている悩み」なのではなくて、「その悩みという形で発せられている、人生からの問い」なのである。

そう考えると、考える仕方が違ってくる。「私はほんとうは、何をしたいんだろう」「私のほんとうの気持ちって、何?」と思い悩むことではなくて、「人生は、私に今、何を求めてきているのだろう」「人生は、私に何を、問いかけてきているのだろう」と考えることになる。

私の人生には、眼前に広がっている〝暗黙の未来〟がある。その〝暗黙の未来〟〝暗黙の運命〟は、私に発見され、紐解かれ、まっとうされるのを「待っている」。

私に紐解かれまっとうされるならば、その〃暗黙の未来〃〃暗黙の運命〃は成就されるけれども、そうしないならば、それは永遠に放置されたままになる。「私は、どうすれば、その〃暗黙の未来〃〃暗黙の運命〃をまっとうすることができるだろうか」「人生は私に何を、求めてきているのだろうか」――そう問うことになる。

「人生は私に今、何を求めてきているのだろう……今の仕事をやり続けることだろうか。それとも仕事を減らして、以前から気になっていた心理の勉強をすることだろうか。そろそろ年齢的にも、新たなことにチャレンジするのは限界のような気もするし……。私の人生は、私が、何をまっとうすることを求めてきているのだろうか。私の人生で、何が私を待っているのだろうか」。

「私の人生には、どんな〃暗黙の未来〃が待っているのだろうか。私は、どのような人生を生きることになっているのだろうか。私の人生には〃暗黙の未来〃〃暗黙の運命〃が生きられるのを待っている。私はそれを、どのように紐解いていくことができるだろうか。私は、自分の人生をどのようにまっとうすることができるだろうか」

このように、「人生からの問い」という立脚点を立てることで、自分の人生全体を俯瞰するような仕方でものを考えることができるようになっていく。

「私は今の仕事を続けたいのか」「転職したいのか」「この人と結婚したいのか」と自分の欲するものを問うこともちろん重要である。しかし同時に、それと重ね合わせて、「人生からの問い」という立脚点を設けることで、「自分の人生全体」という少し離れたところから今、人生で起きていることを眺めることができるようになっていく。「自分の人生全体の流れの中で、今、私に必要とされていることは何だろう」という視点で、ものを考えることができるようになる。これが「人生からの問い」という立脚点を得ることの大きなメリットだろう。

人生のさまざまな悩み――夫がうつになった、いきなり離婚された、大きな病を抱えた、子どもが不登校になったなど――を、ただ「自分が個人的に抱えている悩み」として見るのではなく、「人生からの問い」としても見ること。「私はどうしたらいいんだろう」と「私の視点」から考えるのではなく、「私」から離れて、「人生は、私に今、何を求めてきているのだろう」「人生は私に、このことを通して何に気づき学ぶことを求めているのだろう」と「人生の視点」から捉え直すこと。つまり、「自分の悩み」を「人生からの問い」というリフレーム（異なる角度から見直すこと）をするのである。

するとこれまでこだわっていたことが途端にどうでもいいことに思えてくることがある。これまでグルグルと堂々めぐりを繰り返していたのが、そこからスポン！　と抜けて、これまでとは、まったく異なる視点から考えることができるようになる。

すると、自分でも思いもかけない「答え」が、突然運ばれてくることがある。

ためしに、一つ、リフレーミングの実習をおこなってみよう。次の「　　　　　　」の中に、当てはまる言葉を入れてみよう。

私が、思い煩ってきた人生の問題は「　　　　　　　　　　」です。

それはもっと「　　　　　　　　　　」になればいいと私は思ってきました。


さて、今、「私」を主語にして、「私」の側から捉えた人生の問題を、今度は「人生」の側に立脚点をシフトさせて、捉え直してみよう。


人生は、そのことを通して私に、次のことに気づき、学ぶように求めてきています。

「　　　　　　　　　　」

その問題が起きたことは、私の人生において、次のような「意味」があります。

「　　　　　　　　　　」


「世界からの問い」を「自分自身への、人生からの問い」として捉え直す

「人生からの問い」は、個人の悩みとしてのみ発せられるのではない。この社会のさまざまな問題、世界のさまざまな問題が、「自分自身への、人生からの問い」として発せられてくる。日本では、人口減少、地方消滅の問題、原発の問題、大震災などの自然災害による莫大な被害の問題、環境問題、持続可能な社会づくりの問題……。こうしたさまざまな問題が「人生からの問い」として発せられてきている。「私の未来」から、「日本の未来」から、「世界の未来」から、「人類の未来」から……こうしたさまざまな問いが発せられてきている。そしてその問いを、ほかならない「自分自身にとっての、のっぴきならない問い」として引き受け答えていくことを人生から求められている。

責任への教育

フランクルは、ロゴセラピーの本質は「責任への教育（Die Erziehung zur Verantwortlichkeit）」にある、と言う。これは、どういう意味だろうか。ドイツ語の Verantwortung や英語の responsibility に相当するフランス語の responsabilité は、語源をたどればラテン語の respondēre《レスポンデレ》（答える、返答・応答する、英語で言えば「respond」）に由来している。「何かに対して応答すること」「応答できる状態」を意味している。respondēre という語は、古代ローマ時代には、法廷において自分の行為について説明したり弁明したりすることを意味していたようである。つまり、ドイツ語の Verantwortung や英語の responsibility には、「責任」という意味とともに、「応答」という意味がある。人生のさまざまな状況が私たちに問いかけ、呼びかけてきている。その問いかけ、呼びかけに、正しく応答することを求めてきている。「応答」は、呼びかけに「応える」という意味と、問いに「答える」という意味との両方から成り立っている。

私たちはそれぞれの人生の状況からの「呼びかけ」に責任を持って「応える」と共に、その「問い」に正しく「答え」なくてはならない。私たちの人生のさまざまな場面——たとえば多くの人々に影響を与えるような大切な仕事を引き受けることになった場面——において、私たちは、その状況からの「呼びかけ」に全人格的に、また具体的な行為という仕方で応答し、人生からの「問い」に正しく答えなくてはならない。私たち人間にはその「責任」があるのであり、ロゴセラピーは、人をそのような状態へと高く引き上げることを目指すものである。

すなわち、「状況からの問い」に責任を持って正しく「応答する自己」へと、人間を高く引き上げていくこと。これが、ロゴセラピーが「責任への教育」であるということの意味である。

6　意味への意志

「快楽への意志」「力への意志」「意味への意志」

フランクルは代表作の一つ『苦悩する人間』の冒頭で「苦悩そのものが問題なのではない。なぜ、苦悩しなくてはならないのか、そこに意味を見出せないことが問題なのだ」というニーチェ（一八四四―一九〇〇）の言葉を引用している。

人間は何よりも「意味」を求める存在だというフランクルの考えは、「意味への意志」という概念として結晶化されている。フランクルのロゴセラピーは、「ウィーン第三学派」と呼ばれる。第一学派はフロイトの精神分析、第二学派はアドラー心理学、そして第三学派がフランクルのロゴセラピーである。

フランクルにしたがえば、フロイト理論では、人間は「快楽への意志」に支配され、たえず突き動かされる存在だとみなされている。同様に、アドラーの理論では、人間は常に「力への意志」に支配され、たえず突き動かされるとみなされている。これに対しフランクルは、人間は「意味への意志（der Wille zum Sinn）」を根本動機として生きている、と考えている。

フランクルによれば、人間は、人間として生まれついた初めからその生命の終わりに至るまで、

「意味と目的を発見し、実現しようとする努力」をたえず重ねている。フランクルによれば、たとえ一見快楽追求的あるいは権力追求的な人生を生きているような人でも、意味への意志から解き放たれているわけではない。そうではなく、意味への意志を満たしたくても満たせないから、つまり意味ある人生を送っていると思いたくても思えないから、その空虚感を埋めるため、その代替物として快楽や権力を追求しているにすぎない。

「人間は意味への意志によって徹頭徹尾支配され尽くしている」というのがフランクルの考えだ。生きている限り、「自分はこの人生でなすべきことをしていると思いたい」「自分の人生のほんとうの意味を実現していると思いたい」という欲求から解き放たれることはただの一時もない、とフランクルは考える。

フランクルによれば、「快楽」は本来、「意味実現の副次的結果」にすぎないものだ。つまり「自分はなすべきことをやった」「意味あることをした」その結果として本来、快楽は生まれてくる。このことを無視して、「快楽」それ自体を直接追い求めると、本末転倒になる。そのようなことは、「意味を実現したい」という本来の欲求が満たされない場合にだけ生まれてくるものだとフランクルは言うのである。

同様に、社会的な「力」、すなわち権力もそれ自体では、悪いものではない。権力を持っていなければ、なすべきことをおこなえない場面はいくらでもある。フランクルも「意味の実現が、ある種の社会的および経済的な諸条件や諸前提に左右されるものである限り、権力は目的のための手段」として必要だと言っている。意味あること、なすべきことをするための「手段」として、権力は必要である。にもかかわらず、権力そのものを直接に追い求め始めると、これもやはり本末転倒になる。力への意志は、「意味を実現したい」という本来の欲求が満たされない場合にだけ生まれてくるものだとフランクルは言うのである。

マズローの「自己実現論」との違い

フランクルの「意味への意志」と、フロイトの「快楽への意志」、アドラーの「力への意志」の違いは明確だ。フランクルによれば、「快楽への意志」や「力への意志」は、「意味への意志」に挫折したときに捕らわれる「代替物」にすぎない。

では、フランクルの「意味への意志」論とマズローの「自己実現」論とは、どこが同じでどこが違うのか。これは、少し繊細な問題だ。「意味への意志」を満たすように生きている人間は、自己の可能性を実現した「自己実現の状態」にあると考えられるからである。

では、「意味への意志」論と「自己実現」論の違いは何か。二人は、『人間性心理学会誌』(*Journal of Humanistic Psychology*)で議論を展開している。最初に、「自己実現を『究極の動機』とみなす考えの大きな誤りは、世界とその目的を目的に対する単なる手段とし、その価値を下落させてしまうことにある」と問題提起したのは、フランクルのほうからであった。マズローが「環境は人間の自己活動の目的に対する単なる手段にすぎない」と論じているのを読んで、これにフランクルが異を唱えたのである。

「人間が第一に求めるもの、人間の究極目的は自己実現という言葉で果たして説明されうるのか、という重要な問題を提起したい。そして私はこの問題にはっきりと否定的な態度をとりたい」と、フランクルはマズローの学説に真向から反論している。

フランクルによれば、「自己実現」論はまた「可能主義」論でもある。そして可能主義の問題は次の点にある。

可能主義においては、人生の課題は、人格を満たす諸々の可能性を最大限に実現することだと考えられている。もしそうだとすれば、実現されている可能性が多ければ多いほど、ますます自己実現していることになる。けれども、ただ単に自らの内部の可能性を実現しているのだとしたら、それがいったい何だというのか。（ＰＥ）

自己実現論は、人間は自らの可能性を実現することを求めているという。しかし人間とは果たして、そのような自己目的的な存在なのだろうか、とフランクルは疑義を呈する。人間存在は、自己実現論者の言うような自己目的的な閉じた存在ではないのではないか。そう言うのである。既に見たようにフランクルは、人間という存在の本質は、人生からの問い、呼びかけに応答する点にあると考えていた。応答性にこそ人間の本質がある、というのがフランクルの人間論の肝である。

しかし自己実現論によれば、人間は終始、自らの可能性の実現に努めるにすぎない。両者は似ているようで、まったく異なる。いわば逆向きに対をなしている。人間という存在の究極の本質は、外からの問い、呼びかけへの応答性にあるとするフランクルに対して、マズローの自己実現論は、人間をあくまで自分自身の可能性の実現を追求する存在として捉えている。人生は自己実現の舞台であり、自分に問いや要請を発してくるようなものではない。

分裂によって生まれる緊張

フランクルはさらに、次のような例を出して、多少皮肉を込めた反論を展開してもいる。「ソクラテスは、自分には犯罪者になる可能性があると告白していた。したがって、もし自分の可能性をすべて実現していたならば、ソクラテスは偉大なる法と正義の擁護者にならずに、ありふれた犯罪者になっていたかもしれない」。

ではなぜ現代人は、「自己実現」しようとするのか。フランクルによれば、自己実現の欲求もまた、意味への意志の挫折の結果にすぎない。人間は意味への意志を満たそうとして満たしえないその「代替物」として、自己を実現しようとし始めるのだ。

これはつまり、先に「幸福の追求」に対しておこなったのと同じ批判である。フランクルは、「幸福」と同じように「自己実現」も、本来は「意味」の実現の結果、おのずと生まれてくるものであると考える。それなのに、自己実現を直接追い求め始めると、それは本末転倒になると批判するのである。フランクルは言う。

自己実現は、人間の究極目的ではないし、第一の意図でもない。自己実現は、それ自体を目的とするなら、人間の自己超越的な特質と相反する。（ＳＴＨＰ）

では、こうしたフランクルの批判にマズローはどう答えたか。
マズローは「人生における使命を見失い、直接的、利己的、個人的に自己実現を求める人は……実際には自己実現を達成できないというフランクルの考えと、私の経験は一致している」（「フランクル論文へのコメント」）と答えた。あっさりと同意したのだ。
マズローはけっして、フランクルの批判を受け流したのではない。同時期の論文でマズローは、自己実現している人はすべて、自らの外にある「何らかの課題や使命、職業や大切な仕事に貢献している」と言っている。（「メタ動機の理論」*Journal of Humanistic Psychology*）
このように、両者の結論はほぼ似通っている。マズローもフランクルも同様に、人間にとって最も重要なことは、自らの人生に与えられた使命や課題に没頭して生きることだ、と言っているのである。しかし、両者をていねいに読めば、違いははっきりと認められる。フランクルが、精神的健康にはある程度の実存的緊張、すなわち「自分の現実の姿と、自分がならなければならないものの間の分裂によって引き起こされる、かの緊張」がどうしても必要だと考える（ＡＢＳ）のに対して、マズローは「至高体験」についての研究を重ねた末に、次のように言う。

そのような至高の境地にいる者においては、もはや事実と価値とは一つであり、存在（〜である）と当為（〜であるべきである）も一つに融合している。（「メタ動機の理論」）

これは、両者の考えの相違というよりも、両者の基本的な立脚点の相違に由来するものだろう。フランクルが人間の本質を「応答性」にあると考えるのに対して、マズローは「可能性の自発的な自己展開」に人間の本質を見る。そしてこの違いの背景にあるのは、両者の思想が育まれたヨーロッパとアメリカの文化の違いであり、また、神と人間との関係についての捉え方の相違だろう。敬虔なユダヤ教徒であるフランクルは、「神と人間との間の絶対的な隔たり」を何よりも重視する。一方マズローは、神と人間との神秘的合一を可能と見る。

フランクルが、意味と人間との間、あるべき自分と現実の自分との間の「実存的緊張」にこそ人間の濃密な生の証がある、それを生きよ——と説くのに対して、マズローは「存在と当為との合一」、あるがままの存在そのものを絶対的に肯定する立場に立つ。もちろん、いずれも真理の別の側面である。

7　次元的存在論——「魂が深く満たされた病者」と「魂の空虚な健常者」

どのような視点から見るのか

フランクルの次元的存在論は、とてもシンプルである。しかし、私たちが自明なこととしてつい忘れてしまいがちな大切なことを思い起こさせてくれる力を持っている。それは、「真実は、どのような視点から見るかによって、異なる姿を見せる」ということである。同じことについて語っていても、どのような観点に立って語るかによって、真実は異なる。ニーチェのパースペクティビズム、観点依存性、視野依存性に通じるこのことを、フランクルの次元的存在論は、きわめて平易なたとえを用いて説明するのである。

たとえば、三次元では「円柱」に見える物体があるとする。この円柱の影が二次元の平面に投影されるならば、ある面では「円」に、別の面では「長方形」になる。しかし三次元では、当然ながら、同じ「円柱」なのである。また、三次元では「円錐」に見えるある物体は、二次元の平面に投影されるならば、ある面では「円」に、別の面では「三角形」になる。しかし三次元では、当然ながら同じ「円錐」なのである。

言われてみれば当たり前のことであるが、このことは、二次元の平面では「異なる真実」のように

見えるものが、三次元では「同一の真実」であるものの異なる現れでありうることを示している。

また、この二つの事実を結びつけるならば、三次元では「円柱」と「円錐」という異なる物体であるにもかかわらず、二次元の平面に投影されるならば「円」という同じ形になることがありうることを示している。実際には違う物体が、二次元の平面に投影されると同じ形をしているように見えるのである。

濃密な生のために

これを人間に当てはめると、どうなるであろうか。

「精神のありよう」がまったく異なる二人の人物を想定してみよう。二人とも、何も精神疾患にはかかっていない。精神症状も出ていない。つまり、精神医学の診断基準では「健康」である。しかし一方の人間は、毎日忙しく働いており社会的には成功者であり経済的にも豊かであるが、内面的にはとても「空虚」である。自分はからっぽであると感じている。

一方、もう一人の人間は、同様に健康であり社会的に成功し経済的に豊かという点でも同じであるが、内面的にとても充実している。自らの人生に与えられた使命・天命にひたすら没頭する日々を過ごしている。毎日、心の深いところから喜びに満たされ「自分はなすべきときに、なすべきところで、なすべきことをしている」と感じている。

このまったく異なる「精神のありよう」をしている二人の人間が、「健康」「成功」「経済的充足」といった「平面」に投影されるとどうであろうか。

二人とも健康であり、社会的に成功しており、経済的にも充足している。つまりこの二人の人間は「健康面」という「平面」や「成功面」という「平面」や「経済面」という「平面」に投影される限りは、同じように見えるのである。しかし実際には、「精神のありよう」という面から見れば（あるいは、最近の流行の言葉で言えば「スピリチュアルな次元」から見れば）、二人のありようはまったく異なるのである。

前者は、精神医学的にはまったく健康であるけれども、その精神のありようは、空虚である。意味の次元、スピリチュアルな次元では、あるいは「精神の充足―不充足」という次元では、まったくの不充足なのである。つまり「精神の内面では空虚だけれど、心身ともに健康な人間」なのである。このような人間が、現代社会にはいる。いるというより、過半を占めている。

その逆に、心理的な疾患を発症し病を抱えているけれども、内面的にはとても充実して満たされている、という人間もいる。

うつ病に八年ほど苦しめられたある方は言う。

「もしうつ病にならなければ、私は、この暗い、闇の、しかし濃密な魂の世界を知ることなしに生きていくことになったでしょう。そう思うと、ぞっとします。うつ病はたしかに苦しいです。何日も立ち上がることすら、できない日もありますから。けれども、うつ病になったために、私はいやでも内面の深く濃密な暗い闇の世界に関心を抱かざるをえなくなりました。うつ病によって、この暗く濃密な魂の世界へと導いてもらえたのです。私はうつ病に感謝すら、しているのです。もしうつにならずに、魂の濃密な世界を知らずに生きていくことになっていたとしたら、それはおそろしいことです。それを知らないで、ただ健康に生きていた日々に、あのうすっぺらでから騒ぎばかりしていた日々に、私はけっして戻りたくはありません」

この方も語るように、精神症状に苦しめられながらも、より深い魂の世界を生きている人は数知れずいる。その逆に、たとえ症状はなく健康であっても、内面は空虚で乾いたまま、という人も少なくないのである。

「心理的健康（メンタルヘルス）」と「魂の充足」「意味の充足」とは、人間存在の異なる側面である。両者を混同してはならない。フランクルの次元的存在論は、両者を混同することがないようにと戒めてくれる。「心理的健康」というベクトルと、「意味の充足」あるいは「魂の充足」というベクトルとは、同じ方向を向いていていない。この二つのベクトルは、ときには、否、しばしば交差しうるのである。

現代は、健康ではあるけれども、魂の空虚な人間があふれている社会である。「魂が深く満たされた病者」と「魂の空虚な健常者」。

私は、「魂の空虚な健常者」であるくらいなら、「魂が深く満たされた病者」でありたい。私の魂は、濃密な生を生きることを私に、強く求めてきている。

8 魂のケア――しかし宗教ではなく

宗教との相違

フランクルの主著の一つは『医師による魂のケア』である。医師として、患者がどのような思想・信条の持ち主であるかにかかわりなく、魂のケア、スピリチュアルなケアをおこなうこと――これがフランクルの目指したものである。

フランクルは、自らのこの「魂のケア」が特定の思想・信条によるものではないことを伝えるのに腐心した。自らの創始したロゴセラピーが、特定の人間だけを対象としたものではなく、すべての人間に適用可能なアプローチであると理解してもらうように努めたのである。

フランクル自身は熱心なユダヤ教信徒である。ロゴセラピーという「魂のケア」と「信仰」との関係をフランクルはどのように考えていたのか。

比較的初期の著作には、揺れが見られる。たとえば一九五一年の『苦悩する人間』には、次のようにある。「実存分析の対象は無意識の信仰である。ロゴセラピーの対象は意識された不信仰である」。(HP)「無意識の信仰」と「意識された不信仰」が実存分析とロゴセラピーの対象だというのである。これはどのような意味か。

次のような記述も見られる。

心理療法の適用領域の範囲内で実存分析とロゴセラピーは必然的に宗教的な問題につき当たる。無意識の宗教性に関する私たちの研究から明らかなように、実存分析は宗教性の無意識への抑圧を取り除こうとしなければならない。一方ロゴセラピーは、いつしか宗教性が意識されることに対する抵抗を取り除こうとしなければならない。（HP）

フランクルが最も精力的に執筆をおこなっていた一九四〇年代の著作では、「人間を超えた精神的なもの（ロゴス）からの呼びかけ」の面に焦点を当てた場合に「ロゴセラピー」という名称を使い、一方、それに呼びかけられて意識性を高めていく「実存」の面に焦点を当てた場合には「実存分析」という名称を使う、という使い分けがおこなわれていた。

実存分析は、宗教性の無意識への抑圧を取り除く。すべての人間は無意識的には信仰心を持っている。けれどもそれを意識的には認められないでいる。つまり抑圧しているのだ。だから実存分析ではこの抑圧を取り除いて、その無意識の信仰心を意識化するというのである。

フランクルが、「すべての人間は無意識には信仰心を持っている。ただそれを抑圧しているだけだ」という確信を抱いていたことは、彼の著作に『無意識の神』というタイトルの著作があることからも明らかである。この著作には、心理療法の中で、意識的には無神論者であった患者が知らず知らずのうちに信仰心を表現するようになったことを示す多くの実践例が示されている。無神論者の患者の多くが、宗教的な内容の夢を見ているといった多くの症例報告もなされている。宗教的な内容の夢を見ていることを無意識の信仰心の表れであるとみなしてよいか否かについては議論が分かれるところであろう。キリスト教文化圏で生まれ育った人の見る夢にこうした内容が現れてくるのは当然だとも思われるからである。

しかしここでは、四〇代半ばまでのフランクルの著作に、かなりあからさまに宗教的傾向が見られること、それがときに、先のような多少無防備すぎるようにも思える発言にもなっていることを確認するにとどめておこう。

ロゴセラピーと宗教の区別

一九六〇年代にアメリカに頻繁に講演に招かれるようになり、フランクルの思想およびロゴセラピーが普及するにつれて、フランクルは自らのアプローチを宗教からより明確に区別するようになっていった。キリスト教関係者がフランクルを絶賛するにつれて、逆に精神医学関係者はフランクルを敬遠するようになっていった。こうした事態を目のあたりにして、フランクルは両者をより明確に区別する必要を感じるようになったのである。フランクルの思想は、またロゴセラピーは、信仰心の有無にかかわらず、誰にでも使えるしどの患者にも適用可能なものであることを訴える必要を感じ始めたのである。

一九六九年に書かれた『意味への意志』では次のように述べられている。

神学の分野をなまかじりの精神医学者があまりにも多いし、精神医学の分野をなまかじりにしている神学者も多すぎる。〔中略〕私は次のように質問されることがしばしばある。「ロゴセラピーのどこに恩寵があるのですか」と。そのとき私は次のように答える。「処方を書き、手術をする医者は、できる限り注意深く書いたり手術したりするべきであって、恩寵をひょいと与えてやるべきではないのです」。彼が自分のおこなっていることに対して注意を払えば払うほど、そして恩寵を配慮しなければしないほど、彼は恩寵を伝える媒介手段となるであろう。人間が人間的であればあるほど、彼は神聖な目的のための道具となりうるのである。（WM）

ロゴセラピーはプロテスタントの、カトリックの、あるいはユダヤ教の心理療法ではない。宗教的心理療法というものは、正しい意味では考えられない。なぜなら、心理療法と宗教の間には本質的相違、次元的相違があるからである。両者の目的は初めから異なっている。心理療法は精神的健康を目指している。宗教は救済を目指している（WM）。

また、次のようにも述べる。「ロゴセラピーは、たとえ患者の世界観が有神論であろうと不可知論であろうと、あらゆる患者のために使用可能でなければならないし、すべての医師が利用できるものでなければならない。〔中略〕心理療法家は患者の宗教生活にかかわってはならない。ただし、意図せざる副次的な結果として、患者の宗教生活に貢献することはありうる」（WM）。「ロゴセラピーは心理療法と宗教の境界線を横切るものではない。けれどもロゴセラピーは宗教にドアを開いたままにしておくし、患者がそのドアを通るかどうかは患者にまかせる。責任性を人間性に対する責任という点から解釈するか、社会に対する責任とか良心に対する責任という点から解釈するか、それとも、神に対する責任という点から解釈するか。これを決定しなければならないのは患者自身である。何に対して、誰に対して、何のために責任があるかを決めるのは、患者自身なのである」。（WM）

ロゴセラピーが宗教へのドアを開いたままにしておくとは、どのような意味か。ロゴセラピーは、信仰の有無・内容にかかわりなく、どの医師でも使えるものだし、どの患者にも適用できるものだ。けれど、純粋な信仰心がその結果としてたまたま精神的健康をもたらすことがあるのと同様に、心理療法としてのロゴセラピーが、結果としてたまたま患者に信仰心を目覚めさせることもある。それが、フランクルの考えである。

根源的事実

こうしてフランクルの初期の著作では必ずしも境界が明確でなかったロゴセラピーと宗教は、後期の著作においては明確に区別されるようになった。両者の目的は異なっている。両者はただ、意図せざる結果としてだけ、間接的にだけかかわり合うものとして位置づけられたのである。

ロゴセラピーと宗教のこの違いを、「人生の意味」という文脈に位置づけ直せば、次のように言えるだろう。それぞれの宗教は、「人生の意味とは何か」「人生の意味の内容」を告げることができる。信者はそれを信仰する。一方、ロゴセラピーは、「どんな人生にも意味がある」と訴えかけるが、「人生にどんな意味があるか」、その内容を示すことはしない。それは個々人にゆだねるのである。

精神科医は患者の人生の意味が何であるかを示すことはできない。しかし、意味があるということ、人生はいかなる条件下にあっても意味を持っているということを患者に示すことはできる。（WM）

しかもフランクルは、「いかなるときも人生には意味がある」という「意味への信仰」は、すべての人の人生に無条件に成り立っていると言う。それは、その人が認めようが認めまいが既に常に成り立っている「無意識の意味への信仰」である。すべての人間の人生に常に既に成り立っている「根源的事実」である。

人間はそれを欲するか否か、それを認めるか否かにかかわりなく、生きている限りは、何らかの意味を信じている。自殺者でさえもが、ある意味を——生きること、生き続けることの意味ではなく、死ぬことの意味ではあるが——その意味を信じている。もしもほんとうにもはや何の意味も信じていないのならば、そもそも指を動かすことさえできないだろうし、したがって自殺することもできないだろう。（LSL）

このようにフランクルは、人間はたとえ自殺するときにでさえ、何らかの「意味」を信じないではいられない、と言う。そしてこの意味への無条件の信仰は、人が「それを欲するか否か、それを認めるか否かにかかわりなく」、すなわち、無意識のうちに成立しているものだと言う。

ではフランクルはいかにしてこのことを深く確信するに至ったのか。フランクルはこの問題に対して可能な限り、経験的な地盤において思考を展開しようとする。それによって、特定宗教の信仰の有無にかかわらず、すべての人間の心において、超越的なものとの関係が成立しているということを示そうとするのである。そしてその際「経験という地盤から浮き上がってしまわないようにすることが大切である。〔中略〕ありのままの経験的事実から出発して、この事実を伝統的方法を用いて科学的に利用し尽くすことが私たちの課題である」。（UG）

ここでフランクルが言う「経験的な地盤」とは、一つには、無神論者の臨終場面に立ちあった際の経験である。「私は、確信に満ちた無神論者の死に際を見てきた。彼らは生きている間、率直に〝より高次の実在〟といった類のものや、より高い次元の生の意味を信じることを忌み嫌ってきた。しかしその臨終の際に彼らは、自分が数十年間、誰にも示すことができなかったものを〝死滅の時にあたり〟目の前にいる人に自らの死をもって示した。それはある「被護性（ein Geborgenheit）」である。

これは〔中略〕もはや知性化したり合理化したりしえないものである」。（LSL）

人間は意識的に思考している限りは、何らかの理由で、人生には無条件に意味があることや人間の世界を超えた超越的なものが存在することを否定することもできる。しかし死に至るまさにその瞬間に至っては、そのようなニヒリスティックな態度をとり続けることはできなくなる。そのような限界状況においては、彼がそれまでひた隠しにしてきた、自分は自分を超えた何かに「護られている」という感覚が、意識に浮上してくる。多くの人の臨終の場面に立ちあうことでフランクルは、このような場面を目の当たりにしてきた。これが、彼が「無意識の信仰」を想定する一つのきっかけになっている。

ノエティックとスピリチュアル

フランクルは、自らの立場をほかと区別するために「スピリチュアル」という言葉はできる限り使わずに、「ノエティック」という独特の言葉を使う。たとえば「そしてその上には新しい次元が開かれている。すなわち人間は、身体的および心理的な現象とは明確に区別されるノエティック（noëtic）な現象の次元に入っていく。人間は世界に対してばかりでなく、自分自身に対しても立ち向かうことができるのである」（PE）と言うのである。

「ノエティック」を「精神的」と訳してよいかどうかは議論の分かれるところだろう。「スピリチュアル（spiritual）」という語もしばしば「精神的」と訳される。フランクルは「スピリチュアル」と区別するために、「ノエティック（noëtic）」とか「ノオロジカル（noëlogical）」といった耳慣れない言葉を使うのである。フランクルは、英語でスピリチュアルというと、一般的に、宗教的な意味まで含んでしまうので混同を避けるためにこの言葉（ノエティック）を使った、という説明を付している。

フランクルの思想やロゴセラピーについては、常に宗教的であるとか、キリスト教、特にプロテスタントの心理学バージョンであるといった形容もしばしばなされてきた。これは、フランクルの意に反することである。フランクルはあくまでロゴセラピーをどのような思想信条をもった人にであれ適用可能なアプローチたらしめようとした。キリスト教徒、仏教徒、イスラム教信徒、他のさまざまな宗教の信者、無信仰者のいずれにも適用可能なアプローチであることを明確にしようとしたのである。

フランクルの「ノエティック」という言葉には、そうした意図が込められている。ユング心理学で強調されるような神秘主義的な意味あいはない。フランクルの言う「ノエティック」という語は「自分の置かれた事実や自分自身に対して、ある態度をとりうること」を指している。一般には「スピリチュアル」という言葉よりも、「実存」という言葉で意味されていることに近いと言っていいだろう。

いかなる悲惨な状況に対しても、人間はある態度をとることができる。いかに悲惨な状況に対しても、人間はそれに流されるのではなく、ある態度をとることができる。この態度決定の自由というフランクルの思想の根幹が、このノエティックという言葉には含意されている。

9　心理—精神拮抗作用

「心理」と「精神」の拮抗

フランクルは人間を「身体」「心理」「精神」の三次元的存在として捉えている。フランクルは、「心理」次元と「精神」次元を明確に区別するのである。それは、「心理」と「精神」はしばしば、逆の働きをする、すなわち「拮抗」するからである。そして、人間の最も人間たるゆえんをそこに、つまり、自らの「心理」の働きに対して、「精神」が拮抗しうる点に見出す。

これは、どういうことか。心理的な症状の代表的なものの一つに「強迫」がある。こだわらなくていいこと、こだわっても仕方のないことに妙にこだわってしまう。

自分の鼻の形が気になって仕方がない。どうしても、気になってしまう。気になって、気になって、人前に出られなくなった。外出不可能になり、通っていた大学や勤めていた職場を辞めざるをえなくなった。もったいない話であるが、こういうことは少なくない。こうして人生が狂ってしまうから、心理的な症状はこわいのだ。

私たちの心理療法やカウンセリングでは、こうした心理的な「症状」とどうすればうまくつきあっていくことができるかを、クライアントの方と共に探っていく。もちろん、強迫などの症状がすぐに消失すればいいのだが、そう簡単にはいかないことが少なくない。

そうしたとき、「自分の顔がどう見られているか気になって仕方がない」という「症状」をこちらが気にすれば気にするほど、それとの闘いをなくそうとすればするほど症状は悪化していく。さらに気になる度合いがましていき、家にこもって他者との接触を一切断ってしまうことも少なくない。これは「自分」という「主体」が飲み込まれ「症状に支配されてしまっている」状態である。自分という「精神」の主体が「心理症状」に圧倒されてしまっている状態である。

日本生まれの心理療法である「森田療法」は、「あるがまま」を説く。自然体の自分であれ、などという理想を説いているのではない。「自分の顔が他人にどう映るか、身悶えするほど気になる」のであれば、「身悶えするほど、気になっている」そのままでよい。気になってしまうのをやめるのでなく、「あぁ気になってしまっているなぁ」とそのままにして、自分の眼前にあるなすべきことをただ淡々とおこなっていく。症状は症状のままにして、ただ、生活の中でおこなうべきことをおこなっていく。するとそうこうしているうちに、症状との間に必要な「距離」がとれてきて、その人は「自分という主体」を取り戻すことができる。症状そのものは消失しなくても（以前と変わらずに、自分の顔がどう見られているか気になっていても）、それと闘うのをやめて「自分」の「主体」が取り戻されていく中で、生活の質は格段に向上していく。

フランクルの「心理―精神拮抗作用」という考えも、森田療法に似たところがある。わかりやすくいうと、「心理症状」とじょうずにつきあうことができる「精神主体」の回復が治療の要であるという考えである。

逆説志向

さまざまな心の症状に苦しんでいる状態は、フランクルによれば、人間の「心理」次元の症状のパワーに「精神主体」が飲み込まれしまっている状態だ。たとえば「眠りたいけど眠れない」という不眠の症状に、その人そのもの（精神主体）が飲み込まれてしまっている。そこでフランクルは、精神主体を心理症状から引き離し、主体を取り戻そうとする。そしてそのためにとられるのが、「逆説志向（paradoxical intention）」と「脱内省（dereflexion）」という二つのアプローチである。

「逆説志向」から説明する。フランクルが一九三九年に開発したこの技法は、不安障害や睡眠障害などを主な適用対象とする。

「逆説志向」は「こんなことが起こったら……」とか「またこんなことをしてしまったら……」とその人が恐れているそのことを実際におこなわせたり、それが起こるように望ませたりする方法だ。たとえば、「店の窓ガラスをたたきわってしまうのでは……」と恐れている人には、「窓ガラスをたたきわってやるぞ、と思いながら窓のところに歩いていってください」と指示をする。不眠の人には、「できるだけ起きていてやろう。今日は意地でも眠らないぞ、と思ってください」と指示を与える。まさに「逆説」療法であり、その逆説的なことを「志向」させる方法である。

何のためにこんなことをさせるのか。

強迫症状（たとえば、一時間に何度も手を洗わないと気がすまないといった症状）で苦しんでいる人は、過度にそのことに注意を向けてそれと闘ったり、予期不安（そうなったら、どうしよう。たいへんだ）のためにそれから逃れようとして、ますます症状を悪化させるという悪循環に陥ってしまっている。「恐怖症と強迫神経症の病因の少なくとも一部は、患者がそれから逃れようとしたり、それと闘おうとすることによって起こる不安や強迫観念の増大にある。恐怖症の患者は不安が起きるような状態を常に避けようとする。一方、強迫観念を持つ人は、その強迫観念を打ち負かし、それと闘おうとする。どちらの場合も、結果は症状を増大させるばかりである」。（ＰＥ）

このような考えから逆説志向では、症状を悪化させてしまっている自分の症状への「態度」を変更させようとする。症状から「逃れよう」、おそるべき結果を「避けよう」とする態度を、まさにそれを「望もう」とする態度へと変えさせていく。

このようにして人が自分の症状に対する「態度」を変えるならば、そのことによって彼は、自分をその症状から「引き離す」ことができる。自分と症状との間に「距離」をとることができるのだ。だから自分の症状から逃れようとしたりそれと闘おうとするのをやめさせたり、症状を強めようとすることに成功すれば、症状は軽減し、症状に悩まされなくなると考えるのである。

ここで注意してほしいのは、逆説志向が求めているのは、ただ単に「恐れていることをおこなう」という行動レベルのことではなく、自分が恐れている症状に対する「態度の変更」「心の構えの変更」だ、ということである。「どうしても手洗いが気になる」という「症状」が「心理」次元のものであるのに対して、「症状に対する態度を変更する」「症状とのつきあい方を変える」のは、その人の「精神主体」の働きのことなのである。

強迫症状や不眠症状に苛まれてまともに生活できなくなってしまっているのは、フランクルによれば、その人の「心理」症状が「精神主体」が飲み込まれてしまっている状態だ。「眠りたいけど眠れない……」という心理次元の症状に、その人そのもの（精神主体）が引きずられ、巻き込まれてしまっているのである。逆説志向は、自分を圧倒している心理症状から、精神主体を取り戻す試みだ。

フランクルは、ある人が自分自身（精神主体）を、自分の抱えている心理症状から離脱させる、という この働きを「心理―精神拮抗作用（psychonoëtic antagonism）」と呼ぶ。それは、精神的主体としての自分自身を、自らの症状や心理状態から離脱させるという「自己離脱」の力によるものである。

自己離脱の力

逆説志向の実際も見ておこう。H婦人は、一四年間、化粧台の引き出しがちゃんと整理されているかとか鍵がしっかりかかっているかを調べるといった強迫観念に苦しんでいた。彼女は、引き出しの中身をたえず調べていた。また、引き出しをしめた後で何度も鍵を回していた。そのため彼女の指は傷つき、出血し、引き出しの鍵は何度も壊れた。

H婦人は後に、彼女が五歳のとき、とても大切にしていた人形を兄が壊してしまい、それをきっかけに玩具を化粧台にしまいこんで鍵をかけ始めたことを思い出した。また彼女が一六歳のときに、妹が無断で彼女のいちばん大切なパーティー衣装を着ているのを見つけ、それから衣装ダンスに注意深く鍵をかけるようになったことを思い出した。

けれども、彼女を強迫行為から解放したのは、このような内省ではなく、逆説志向であった。セラピストは彼女に、「化粧台や衣装ダンスに無造作にものを投げ込むこと。しかもできる限り乱雑にすること」という宿題を与えた。彼女自身も引き出しをできるだけ散らかしておくように努めた。すると入院して四日目以降、彼女は化粧台を整理するのを忘れるようになり、次第に鍵をかけることさえ忘れるようになったのである。

彼女が強迫観念なしに毎日の雑用をすることができるようになったのは、入院後一六日目であった。退院後も時折、強迫観念が戻ってきてはいたが、今ではそれを無視することができるようになったのである。

四年間、激しい発汗恐怖に苦しんでいたある内科医の例も紹介されている。自分はまたひどく汗をかくのではないかと恐れ、この恐れがさらに発汗をひどくするという悪循環に苦しんでいた彼は次のように自分に言い聞かせた。「私はまだ一リットルしか汗をかいていないので、せめて一〇リットルはかいてやろう」。彼は、たった一回の面接で発汗恐怖から解放された。

何年もの間書痙《しょけい》に苦しみ、職を失いかけていた帳簿係の例。彼女は綺麗な文字を書こうとする代わりに、次のように自分に言い聞かせるよう指示された。「さて、私は自分がどれくらい悪筆家であるかをみんなに示してやろう！」。ところが彼女は、どんなにでたらめに書こうとしてもそれができず、治療開始後四八時間以内に書痙から解放された。

　ほかにも、吃音《きつおん》で悩んでいたある中学生がクラスで劇を演じることになり、そこで彼が「吃音」のある人の役をうまく演じようとしたところ、まったくどもれなくなったという例も示されている。

　フランクルは、人間の自己離脱の力には個人差があるので、逆説志向はむやみに用いられるべきではないこと、各々の状況に応じてその適用の限界をわきまえるべきであることを指摘している。（PE）個々の患者の状態に応じて慎重に用いるべきことを注意している。特に「うつ病」に逆説志向を用いることはきびしく禁忌とされている。

　ところで、「本人の恐れていることを敢えてさせようとする」というこの一見無謀な荒療治をフランクルはいったいどこから思いついたのか。どうやら、フランクルの趣味であるロック・クライミングの経験からのようだ。

　フランクルは、霧と雨の中でロック・クライミングをしていて、登山仲間が転落するのを目の当たりにしたことがある。その仲間は、運よく六〇〇フィートも下で生存していたが、この事件で心理的ショックを受けたフランクルは、にもかかわらず、その二週間後に敢えて同じ岩壁にチャレンジした。しかも、前と同じ霧と雨の日に、である。そうすることで、自分の動揺を克服しようとしたというのである。

　フランクルにとって逆説志向は、単なる心理技法ではない。彼の生き様そのものの反映と言える面がある。

10　脱内省――自分の内側を見つめるのは、やめなさい

自分を見つめるのをやめる工夫

フランクルの「心理―精神拮抗作用」は、ロゴセラピーのもう一つの代表的な技法である「脱内省」、ディリフレクション（dereflexion）にも色濃く反映されている。

伝統的な心理療法、たとえばフロイトの精神分析やユングの分析心理学、ロジャーズの来談者中心療法などは、いずれもクライアントの「内省」を促すものであった。クライアントが自分の内面の動きを深く見つめていく。それによって、自分でも気づかなかった自分の心の動きに気づいていく。

自分でふたをし覆いをつけていた自分の心の動きから、ふたをとる。自分自身に対する心の「覆い（カバー）」をとって（アンカバリング）、それまで気づけずにいた自分の心の動きに気づいていく。そうすることによって「自分を知る」こと、自分で気づけずにいた自分の心の動きを意識化することが治療の骨子になる。伝統的心理療法ではそう考えていた。

これは今でも、カウンセリングや心理療法の本道である。自分を深く知ること。自分の内面に意識をむけて、深い気づきに至ること。つまり、アウェアネス――これが人間の人格的成熟、内面的な自己成長につながっていく。私自身のカウンセリングや心理療法でも、これを軸に据えておこなってい

る。

しかしそのためには、優良なカウンセラー、セラピストが必要だ。あるいはそうでなくても、「心理学のワークショップ」などでの仲間との深く内面的な交流が重要な意味を持つ。これを一人きりでおこなうのは、なかなか困難な作業である。昨今、「自分探し」について批判的に語られるように、私たちが一人で自分の内面を見つめすぎていると、しばしば余計な混乱につきまとわれる。自分でも考えても仕方ないと思うことをぐるぐる考えてしまう。考えれば考えるほど、頭の中がこんがらがってしまう。

それでも、考えてしまう。そんなときがある。

こんなときは、考えるのをやめること。自分を見つめるのをやめることが肝要だ。考えれば考えるほど、自分を見つめれば見つめるほど、頭の中が混乱してがんじがらめになってしまう。

そんな人に必要なのは、「考えない習慣」をつけること。自分を見つめるのをやめることだとフランクルは考えた。

これは、心理療法の本道である「心の覆いを取り除く（アンカバリング）」ことではなく、むしろ「自分の心にじょうずに覆いをつける（カバリング）」工夫と方法を学んでいくことである。そしてそれをフランクルは「脱内省」、内省の悪循環から脱する、という技法にした。人間には「つい考えてしまう」という悪い「心の癖」がある。この「心の癖」と距離をとる必要がある。これは先に見た心理―精神拮抗作用がゆえに可能となることだ。

心の症状とのじょうずなつきあい方

「脱内省」について「ことにノイローゼや精神病の兆候を示す心理次元内における病的事象に対して、この自己離脱という独特な人間の能力を用いるのが有効だ」（PE）とフランクルは言う。「人間であることの本質的特徴として責任性を強調するとはいえ、ロゴセラピーは、不安障害や精神病の兆候に対してまで本人が責任を負うべきだと言っているのではない。しかしロゴセラピーは、このような病的兆候に対して、どんな態度をとるかを本人に考えさせるのである」。（PE）

つまりフランクルは、①自分の心の症状を見つめすぎるがゆえにかえってそれに飲み込まれていくのに身をまかせるか、②それともそれらの症状から距離をとり、離脱して、自分自身を切り離すのか、このいずれをとるかは本人が選択しうることだと言うのである。

フランクルは、一九歳のある統合失調症の女性と次のような治療面接をおこなっている。彼女は自分の無感動と自分の内部の「混乱」とを訴えて援助を求めてきた。面接記録を一部引用する。（WM）

患者　私を当惑させているのは、私の内部で起こっているのは何か、ということなんです。

フランクル　考え込まないことです。あなたの根源を探ろうとしないことです。それは私たち医者にまかせればいいのです。私たちは、あなたがその危機を通り抜けられるように導きます。あなたを待っている目標はありませんか。たとえば、芸術の仕事など〔引用者註・患者はウィーン芸術アカデミーの学生〕。あなたの中で醱酵している多くのもの――まだ形になっていない芸術作品、創造されるのを待っている未完成の絵など、あなたによって生み出されるのを待っているものはありませんか。そういったことを考えてください。

患者　でも、この私の内側の混乱が……。

フランクル　自分の内側の混乱を見つめないで、あなたを待っているものを見つめてください。価値があるのは、深層に潜んでいるものではなく、未来であなたを待っているもの、あなたによって表現されるのを待っているものなのです。

精神的な危機があなたを悩ませているのはわかっています。でもその悩みの波は私たちに静めさせてください。それは私たち医師の仕事です。精神科医にまかせてください。

とにかく、自分自身に目を向けないでください。自分の内側で起こっていることを見つめないで、あなたになされるのを待っていることを探してください。

だから症状のことを話し合うのはやめましょう。不安神経症とか強迫神経症とか。

それがどんなものでも、あなたがアンナであるという事実、何かがアンナを待っているという事実を考えましょう。自分自身について考えるのをやめて、あなたが創造しなければならない作品、まだ生まれていない作品に目を向けてください。あなたがどんな人かは、あなたがその作品を創ることではじめてわかることなのです。

心の症状を抱えている人は、自分の症状と闘うことでそれをさらに悪化させている場合がよくある。「脱内省」は、この悪循環を断ち切ろうとする技法である。心の症状の原因を探りそれを除去しようとして「症状と闘う」方法ではない。「症状とじょうずにつきあうこと」を学ぶ方法である。

くり返しになるが、日本生まれの神経症の治療法である森田療法と似ている。森田療法では患者の不安や症状に関する訴えには取り合わない。患者が自分の症状に目を向けすぎると、意識はますますそれにとらわれてしまうからだ。そして不安や心配事は無理に消し去ろうとせず、そのままにして、「あるがままに、なすべきことをなせ」と言う。

フランクルの考案した「脱内省」では患者に、自分の内側で生じている混乱や症状に目を向けるのをやめよと説く。そして、自分のなすべき仕事や愛する人そのものへ意識を向け変えよと勧めるのである（ここで明確に意識の方向づけをおこなう点である、森田療法と異なる点である）。しかしどちらも、症状や不安と闘うことでさらにそれを悪化させてしまう悪循環から患者の意識を解き放とうとする点では共通している。

性の悩みと「脱内省」

フランクルが、「脱内省」が特に必要になると考えたのは、勃起障害や不感症の患者である。臨床医としてのフランクルの得意分野の一つは、性の悩みであった。

フランクルの考えでは、これらの症状に悩む人には、男性の場合自分の性交能力を示そうとしすぎてかえってその目的が達成できなくなっていることが多い。女性の場合自分のオルガズムの能力を示そうとしすぎてかえってその目的が達成できなくなっていることが多い。人間の快楽にはそれを直接追い求めれば求めるほど、それを獲得できなくなるという法則がある。性的快楽の場合、このことがストレートに当てはまるとフランクルは考えたのである。

なぜ、性の問題に取り組んだのか。それが「愛する相手」に意識が向かず、自己目的的に、自らの能力を誇示しようとすることによって生じてくる問題であるからだろう。フランクルはこの状態について、皮肉とユーモアをまじえて実に巧みに表現している。これらの症状に悩む人はまるで、「どんな順序で足を動かすのかたずねられて足を動かすことができなくなったムカデ」のようだと言うのである。

インポテンツや不感症の場合、男性が自分の性交能力を示そうとしすぎてかえってその目的が達成できなくなっているか、女性がそのオルガズムの能力を示そうとしすぎてかえってその目的が達成できなくなっているか、いずれかである場合が多い。一般に人間の快楽には、それを直接追い求めようとすればするほどそれを獲得できなくなるという法則があるが、性的快楽の場合も同様である。

男性であれ女性であれ「うまくセックスしなければ……」と考え始めると、愛しているはずの相手にではなく、自分自身に注意が向き始める。セックスの間中、相手ではなく、自分のことを見つめているのである。その結果、インポテンツや不感症といった症状が生まれる。

ここには自分自身についての「意識過剰」という病がある。現代人はとかく自分を見つめ、自分に注意を注ぐあまり、その本来の目的を見失ってしまいがちである。セックスの場合であれば、自分がうまくできるかどうかに注意を注ぐあまり、その本来の対象である愛する人に注意が向かなくなりがちなのである。これではまるで、どんな順序で足を動かすのかたずねられて、そのことを考え始めた途端足を動かすことができなくなり、飢えて死んでしまったムカデのようである。(WM)

なかなか手厳しい指摘であるが、本質を突いている。性に関する悩みの多くは、「自分がうまくできるかどうかに注意を注ぐあまり、その本来の対象である愛する人に注意が向かなくなってしまった」結果、生まれていると言うのである。

現代人を悩ませているものの一つは、「過剰な自意識」である。現代人はとかく自分を見つめ、自分に注意を注ぐあまり、その本来の目的を見失ってしまいがちである。セックスの場合であれば、自分がうまくできるかどうかに注意を注ぐあまり、その本来の目的である「愛する人とのふれあい」を忘れてしまいがちになる。フランクルの説く「脱内省」という方法は、現代人のこうした自意識過剰なあり方そのものの見直しにつながるものである。

11　あなたがこの世に生まれてきた「意味」あなたの人生に与えられた「使命」

内省主義を超えて

フランクル心理学を理解するためのキーワードとして、最も重要なものとして最後にあげておくべきは、やはり「意味」と「使命」だろう。「意味志向心理療法（meaning-oriented psychotherapy）」のクラシカルな、代表的なアプローチの一つはフランクルのロゴセラピーである。ロゴセラピーとは異なる視点に立つ伝統的な「意味志向心理療法」の一つは「感じられる意味（felt meaning）」に取り組むE・T・ジェンドリン（一九二六―）の体験過程療法とフォーカシング、そしてその師であるロジャーズのパーソンセンタード・アプローチである。

フロイトの精神分析をはじめとした因果論的心理療法では、「過去」を振り返ることを重んじる。自分を傷つけ追い込んでいる「過去」のトラウマからの解放を試みる。自分を縛り付け苛んできた「過去の物語」からの解放を試みる。認知行動療法では、不適切に学習された「思考パターン」や「行動」の修正を試みる。「自分なんてどうせ……」といつの間にか考えてしまう「否定的な自動思考」の修正を試みる。

しかし、いくら苦しみに満ちた「過去の物語」から解放されようと、そしてまた、いくら「否定的な自動思考」のパターンから解放されようと——それによって「苦しみの原因」から解放されたとしても、からっぽな心は依然、からっぽなままだ。そして人は心の「空虚」に耐えられないから、自分の苦しみの原因をどこかほかに探そうとする。

ほんとうは、自分が情熱を傾けて取り組むことができる「何か」、これが私の人生の意味だ、私はこれを果たすために生まれてきたのだと心底思える「何か」が見つかっていないだけなのに——だから心の深いところが空虚で「意味と使命の感覚」に満たされないままなのに、そこは不問にして、自分の苦しみの「原因」を過去の出来事に求めようとする。自分の苦しみの原因がどこかにあるはずだ、という眼差しで過去を振り返るならば、一つや二つ、思いあたることは、誰にでもあるはずだ。そして多くの場合、「自分を十分に愛してくれなかった両親」の存在が仮想敵として見出される。そのとき「愛されなかった私の物語」への果てしなき執着が生まれる。「被害者マインド」でいっぱいになる。

ここで求められるのは、そうしたニーズを生み出している「因果論的心理療法」自体を「治療すること」である。ジェイムズ・ヒルマン（一九二六—二〇一一）が言ったように、「トラウマが人を苦しめている」と考える「トラウマ志向の心理療法」の理論が、人々の苦しみを生産している。治療の対象とされるべきは、患者やクライアントではなく、患者やクライアントの被害者マインドを創り出している「トラウマ志向の心理療法の理論」自体なのだ。

フランクルの考えも、心理療法というもの自体のうちに潜む歪みを正す作用を持つ点では、ヒルマンのそれに近いところがある。ヒルマンの批判はある種の心理療法が人々のトラウマへの執着を強めてしまっている点に向けられている。一方、フランクルの批判は、ある種の心理療法が人々の内省過剰を強化してしまっている点に向けられる。

「自分探し」という言葉が象徴するように、現代人は「自己への内省」を過剰に重んじるところがある。しかし多くの人は内省すればするほど、自分を見つめれば見つめるほど、自分がわからなくなる。自分探しをすればするほど、「自分」は手に入らなくなる。そんなところがあなたにも、もしかしたら、ありはしないだろうか。考えれば考えるほど、自分で自分がわからなくなる。もつれた心の糸がますます絡まって、ほどけなくなってしまうのだ。

良質な心理療法は、自分ではほどけなくなったもつれた心の糸をほどいていく力を持っている。自分では、もうそれ以上は行けない、という心の壁にぶつかったときに、それを越えて、より深く自分の中に入っていく。自分の心の中に深く深く潜っていく。それを可能にするのがすぐれた心理療法であろうし、私自身もそうした心理療法ができる人間であろうと努めている。

フランクルは、こうした深い内省を否定しているのではない。しかし当然のことながら、いつでもどこでも内省していればいい、というものでもない。自分を見つめることなど忘れて、自分以外の何かに無我夢中で取り組むことが必要なときがある。いやむしろ、それが人間の日常の本来のあり方である。日常の時間の流れを止めて自分を深く見つめていくことはむしろ、非日常的な内面的な行為である。

心理療法は、いや、心理療法的な内省主義は、この人間本来の姿を忘れさせ、過剰な内省に走らせてしまう危険がある。

人生からの問い

では、内省主義を超えて、どこに向かうべきなのか。

「人生からの問い」の前に立て、「人生からの問い」に全力で応答せよ、とフランクルは言う。

私たちを取り巻くさまざまな問いがある。少子化の問題、貧困や格差の問題、戦争の問題、持続可能な社会をどうつくるか、という問題――どの問題に出会うかは、もちろん人さまざまだ。出会った問題に真摯に取り組む。懸命に取り組み続ける。すると、その「問題」がその人の人生にとってなくてはならないものになっていく。

当初は「解決すべき問題」にしか見えていなかったその問題が、次第に「自分にとって不可欠な、固有の意味を帯びた問題」になっていく。そして「自分にとって特別な問題」になったその問題に懸命にかかわっていくことで、その人の人生が、また、その人自身が変わっていく。出会った「問題」が人をつくっていくのである。

人生に対して「生きる意味はあるのか」と問うに先立って、人間には「人生からの問い」が与えられている。人間は「人生から問われている」。だから私たち人間は、「人生を問う」のではなく、「人生からの問い」に答えていかなくてはならない。これがフランクルの考えであった。

人生は私に、何を求めてきているのか。
人生からの問いに対して、私は何ができるのか。

こう自らに問い、人生からの問いに懸命に答えていくことに、人間の本来のあり方をフランクルは見出した。人生からの問いに懸命に答えていく中で、人は、本来の自己になる。本来の自己へと生成していくのである。

そして、人生からの問いに答えていく中で、人はまた、その生涯を貫く「天職」に出会う。生計を立てるための職業にならなくても、人がその生涯をかけて取り組むに価する「使命」（ミッション）、「召命」（コーリング）に出会う。そしてこの「使命」「召命」との出会いこそが、人間の自己形成にとって不可欠のものなのだ。

フランクルの研究者に教育哲学者らが多いのは、人生からの問いに答える中での本来の自己への生成、自らの使命・召命との出会いを通しての自己形成という人間形成の原理がフランクル思想の根底にあるからであろう。

さて、多くの人は自らの使命・天命・召命との出会いによって「天職」へと導かれる。そしてその天職との出会いによって、自己を形成していく（その意味ではフランクルの思想は、キャリア教育の理論的基盤にもなりうるものである）。それは、フランクルの価値論における「価値の三つのカテゴリー」

（「創造価値」「体験価値」「態度価値」）で言えば「創造価値」である。

創造価値

創造価値——これは、人が何かの作品をつくったり、日々の仕事を通して何かを「つくり上げていく」ことによって実現する価値のことである。芸術家がつくる作品然り。会社員が取り組む日常業務然り。主婦のおこなう家事然り。心を込めておこなっていく仕事のことである。特別な仕事ではなく、ふつうの多くの人がやっているふつうの仕事。それをフランクルは「創造価値」という枠組みでリフレームすることを提案した。

同じ仕事をするのでも、ただのんべんだらりとやっているのと、「これは私がなすべき仕事だ」という気持ちで使命感を持ってやっているのとでは、本人にとっての「意味あい」「価値」が違ってくる。こうした効果をねらって、フランクルは心理療法の中で仕事を「創造価値」という視点から、「リフレーム」していくのである。そうすることで、本人にとって「仕事をすることの意味」が変わり、毎日の業務が「創造価値」という新たな視点を伴って浮かび上がってくるのである。

「創造価値」などというと、何か特別にクリエイティブな仕事を連想する方がいるかもしれないが、そうではない。私たちがふだんやっている何気ない仕事にも、実はたいへんな価値が潜んでいることに意識を向けさせることがフランクルの意図である。

たとえば化粧品のセールス。一見誰にでもできる仕事に思われるが、少し化粧が変わることでずいぶんイメージが変わることがある。そして、他人の目に映る自分の姿が変わることで、自分で自分に対して抱くイメージ（自己イメージ）も変わる。自信に満ち、積極的な性格に変わることもあるはずだ。こう考えると、化粧品のセールスも他者の人生にずいぶん大きな影響力のある仕事である。

もう一度、確認しよう。本人がどのように思っていたにしても、それにかかわりなく、人間には、それぞれの人の人生が与えた仕事がある。その仕事はその人だけが果たすべきものであり、その人だけに求められている。フランクルは、こう言うのである。

毎日の仕事を、ただ「生活の糧」を得るためにおこなっているルーティン・ワークだと思ってやっていると、「やりがい」もなくなっていくであろう。フランクルは、あなたの仕事は「あなたの人生があなたに与えたもの」であり、「あなただけが果たすべきもの」である。そこには固有の意味がある。そういう視点から、日常の仕事を見直してみよ、と言うのである。

しかし、そう言われても実感がわかない人も少なくないはずだ。実際、フランクルが講演しているときに、ある青年はフランクルにこう質問している。

先生は精神科医という、人のいのちを救う大切な仕事に従事しておられます。たくさんの書物も書いておられます。だから先生の人生には意味があると言えるでしょう。しかし、私はただの洋服屋の店員です。私の代わりなど、どこにでもいるはずです。ただの洋品店の店員にすぎない私の人生に、一体どんな意味があると言うのですか。（TJLS）

これに対してフランクルはこう答えている。

仕事の大きさは問題ではありません。大切なのは、その活動の範囲において最善を尽くしているか、人生がどれだけ「まっとうされて」いるかだけです。それぞれの具体的な活動においては、一人ひとりの人間はかけがえなく代替不可能な存在です。誰もがそうなのです。一人ひとりの人間に、その人の人生が与えた仕事は、その人だけが果たすべきものであり、その人だけに求められているものなのです。(TJLS)

固有な使命の体験

こうしたフランクルの職業観には、人は仕事を通して、自らの人生に与えられた「使命」を果たしていくのだ、という考えがある。

一人ひとりの人間は、かけがえのない、代替不可能な存在である。誰もがそうなのだ。それぞれの人にその人の人生が与えた仕事は、その人だけが果たすべきものであり、その人だけに求められている。一人ひとりの人生には、その人にだけ与えられた「使命圏」が存在している。(TJLS)

自分が責任存在であることをありありと意識化することには大きな治療的意義がある。その際必要なのは、単なる責任性一般の意識化ではなく、「特殊な課題に対する特殊な責任」の意識化である。漠然とした責任の意識化ではなく、「特殊な使命意識（Missionsbewußtsein）」を意識化することである。

このときこの意識化は、自分はまったく特定の個人的な課題を伴って世界の中に置かれているという体験になる。個人的な責任性の意識、すなわち、自分だけに固有な使命の体験ほど、人間を自らを超えて高く引き上げるものはない。この体験ほど人に活力を与え、苦難と困難とを克服せしめうるものは何ひとつない。（ＰＰ）

すべての人間には、「仕事」という形で、その人だけに与えられた「固有の使命」がある。この「自分だけに与えられた固有の使命の体験」ほど、人の魂を鼓舞し、精神を高く昇らせていくものはない、とフランクルは言うのである。これは仕事を「天から与えられたもの」、すなわち「天職」と見る考えに通じるものと言えるだろう。

ミッション・オリエンティド・サイコセラピー（使命志向心理療法）

一九四〇年代のフランクルの著作には、「使命」という言葉がしばしば用いられている。それは

「意味」という言葉とほぼ互換可能なものとして使われているように思える。どんな人のどんな人生にも「意味」がある、とフランクルは言う。これは言い換えれば、どんな人のどんな人生にも固有の「使命」が与えられている、ということである。

フランクル思想の大きな特徴の一つは、人生を考える際の「立脚点の変更」にある。人間を先に立て、人間を中心に「人生への問い」を考えるのではなくて、「人生からの問い」を先に立て、その問いにどう向き合うか、どう答えていくかによって人生が形作られていくと考える。同じように、人間が人生の意味を問う前に、「人生」からの呼びかけが先にあり、その呼びかけにどう答えるか、人生の意味をどう実現させるかによって人生は形作られていくと考える。

それと同じことが「人生の使命」についても言える。人間が自分の人生の使命をどのように考えるかが重要なのではない。それに先立って、常に既に、「人生の使命」がどの人のどのような人生にも与えられている。暗黙のうちに常に既に与えられている「人生の使命」に、その人がたどりつくことができるかどうか。「自分の人生に与えられた使命」を発見できるかどうか——。「自分の人生」というものを、そこに暗黙のうちに与えられていた「使命」にめぐり合いそれをまっとうしていく「一つの道」として捉え直す。人生でこれまでに起きたすべての出来事は自分の「使命」にたどりつく上で意味を持っていたのだ、

自分の「使命」をまっとうする人生の途中で起きるべくして起きた必然の出来事だったのだ——。自分の人生の全体を自分の「使命」にたどりつきまっとうする道であったのだと捉え直すならば、一

つ一つの出来事の持つ「意味」がこれまでとはまったく異なって見えてくるのである。

その意味では、フランクルの心理療法は「使命志向心理療法」(ミッション・オリエンティド・サイコセラピー〈mission-oriented psychotherapy〉)であるとも言える。

トラウマ志向の心理療法は、自分の人生を「過去の痛ましい出来事の犠牲者の物語」として理解するように方向づける。

これに対して、フランクルの「意味志向心理療法」「使命志向心理療法」は、人生のすべての出来事を、自分の人生で果たすべき「使命」と出会いそれをまっとうしていく道の途上で起きた「必然的な意味のある出来事」という視点から理解していく。

そこでは、自己は「トラウマの犠牲者」としてではなく、「自らの人生の使命へと導かれた者」として理解される。

どの人のどの人生にも、暗黙のうちに、果たさなくてはならない「使命」が与えられている。自分でも知らず知らずのうちに、さまざまな出来事を通してその「使命」へと導かれ誘われている。

私の人生で起きたさまざまな苦難に満ちた出来事も、さまざまな喜びに満ちた出来事と同様に、私を暗黙のうちに、私の人生で「果たさなくてはならない使命」へと誘い導き、運んでいった。すべての出来事には、そのような「意味」があったのだ。どの出来事も、私の人生が私の人生となっていく上で、またそのような「使命」を担いまっとうしていく上で起こらなくてはならない「必要な出来事」だったのだ。

すべての出来事には、そうした「必然の意味」があった。そのような新たな自己理解が可能となる。人生のすべての出来事は、そうした視点から、新たな意味を伴って浮き彫りとなっていくのである。

魂を満たされて生きる

「次元的存在論」の項で見たように、「成功－不成功」というベクトルと「意味の充足－空虚」というベクトルは交差しうるものである。「魂の空虚な成功者」が存在すると同様に、「魂の満たされた不成功者」も存在するのである。これは容易に理解しうることであろう。

同様に、「健康－不健康」「トラウマから解放された－トラウマに捕らわれた」というベクトルと、「意味の充足－不充足」「魂の充満－空虚」というベクトルも交差しうる。

トラウマから解放されはしたものの、自分はそのために生きるのだと思える何ものも見出せないままの空虚な魂が存在する。同様に、さまざまなトラウマを抱え、したがって深い傷を抱きながらも、自分のすべてをかけて打ち込める「使命」を見出した、満ち満ちた魂が存在する。これは、人間の幸福というものの持つ複雑さをよく示している。

社会的に成功し、家庭や金銭に恵まれ、心身ともに健康でありながら、魂は空虚なまままさまよい続けている人生もある。その逆に、社会的には脱落しており、家庭も持たず孤独でかつ貧困であり、心身の病を抱えていても、自らのすべてを捧げ日々没頭しうる使命を見出している満たされた魂の持ち主もいる。当然と言えば当然のことであるが、このことを明確に主張しうるための理論的基盤を築いた点に、フランクルの貢献の一つがあることは忘れてはならない。

人間の幸福にとって真に重要で不可欠なもの。それは、「魂の充満」ないし「意味の充足」であって、それに代わるものはない。そして魂を満たして生きていく上で、自分の人生に与えられた「使命」をまっとうしながら日々を生きているという実感を抱けていることほど、大きなことはない。そのとき、その人のそれまでの人生がどれほど苦難に満ちたものであろうと、すべての出来事は必然的な意味を持って輝き始めるのである。

トラウマを起点として描かれる「人生の犠牲者としての物語」と、使命・天命を起点として描かれる「使命を託された者としての物語」——前者は、過去に支配され続ける因果論的な語り方であり、後者は、未来へと誘われ導かれていく目的論的な語り方である。後者においては、人生のすべての出来事は、「みずからのいのちに与えられた使命を果たす」という人生の目的へと、暗黙のうちにつながっていく必然の意味を持つ出来事として語り直されるのだ。

第三部　作品解説

る。

フランクルの著作は、収容所での体験記録である『夜と霧』を別にすると、大きく二群に分けられ

A群は、ナチスの収容所から解放された一九四〇年代半ばから五〇年代に書かれた哲学的人間論及びそれにもとづく心理療法論に関するものである。たとえば『医師による魂のケア』（邦訳『死と愛』『人間とは何か』）『時間と責任』『無意識の神』『制約されざる人間』『苦悩する人間』『ロゴスと実存』『神経症の理論と治療』などの著作群である。

もう一方のB群は、一九六〇年代にフランクルがアメリカで頻繁に講演するようになって以降、よりダイレクトに現代人の「生きる意味の苦悩」「人生の無意味に関する苦悩」について、一般の人々にもわかりやすく論じるようになってからの著作である。たとえば『意味への意志』『聴き取られなかった意味への叫び』（邦訳『〈生きる意味〉を求めて』）『心理療法と実存主義』（邦訳『現代人の病』）などの著作群である。

前者は哲学的思想的な深みがあり、原理論的であるのに対して、後者は、よりプラクティカルで、わかりやすく、読者が自分の問題を理解する直接の手がかりとなりやすい。ここでは、フランクルの数ある著作の中から厳選した五冊のみを紹介する。

1　『医師による魂のケア――ロゴセラピーと実存分析の基礎づけ』（*Ärztliche Seelsorge : Grundlagen der Logotherapie und Existenzanalyse*, 1946／霜山徳爾訳『フランクル著作集2　死と愛　実存分析入門』みすず書房、一九五七／山田邦男監訳、岡本哲雄・雨宮徹・今井伸和訳『人間とは何か――実存的精神療法』春秋社、二〇一一）

フランクルのデビュー作であり、かつ主著と言えるのが、本書である。日本では『死と愛』の訳書名で『夜と霧』と並ぶフランクルの代表的著作として長年親しまれてきた。数年前、増補改訂版の新訳が出された。フランクル自身、原著を何度も改訂してきた。

『夜と霧』の読者であれば、フランクルがアウシュヴィッツへの収容の際に原稿を奪い取られ、病に冒され高熱にうなされながらも、小さな紙片に速記用の記号を使って原稿の復元に努めたあの本だと言えば、ピンとくるであろう。

一九四五年の冬から春にかけて多くの被収容者とともにフランクルは発疹チフスにかかったのだが、夜、別の被収容者から誕生日のプレゼントとして送られた小さな紙片を使って速記用の記号を綴りながら、この本の原稿の再生に取り組んだのである。

すさまじい執念としか言いようがないが、フランクルが収容所の悲惨な体験にもかかわらず、生きることへの意欲を失わずにすんだ一因は、明らかに、この本を刊行し自らの学説を世に問うことへの執着にあったと思われる。フランクル自身、戦後、自分が収容所から生還できた最大の理由の一つとして、この本の執筆と刊行への意欲をあげている。

内容的には、フランクルが戦前から書き続け、小論文として発表してきたものをロゴセラピーと実存分析の体系をなすものとして一冊の著書の形にまとめ、初めて世に問うたものである。

第一章「心理療法からロゴセラピーへ」では、人間は生理学的、社会学的、心理学的に制約され尽くしてはいない存在であることが強調された上で、特に決定論的色彩の強い精神分析を批判しながら、従来の心理療法を「補完」するものとしてロゴセラピーが提唱されている。人間の本質的特徴は「責任性」にあるという考えから、ロゴセラピーは「精神的なものから」の呼びかけによって、この「責任性」を意識化させようとするのである。

第二章「精神分析から実存分析へ」では、精神分析を批判しながら実存分析の基本的な考えを提示している。実存分析には、二種類ある。すなわち、人生の意味の問題に取り組む「一般的実存分析」と、不安障害や精神病の治療に取り組む「特殊実存分析」との二種類である。「一般的実存分析」のテーマとして、「生命の意味」「苦悩の意味」「労働の意味」「愛の意味」といった問題について論じられている。その中で、人生はいかなる状況にあっても必ず何らかの意味がある、そればかりか苦悩そのものにも意味があるというフランクルの基本主張が展開されている。

第二部の「キーワード」でも取り上げた、人間は人生の意味を求めて問いを発するべきではなく、むしろ「人生から問いかけられている者」である、というフランクル心理学の基本命題も、ここで初めて提示されている。

新訳においては、訳が読みやすくなったことに加えて、フランクル自身が幾度にもわたって加えてきた改訂や補足も訳されている。

2　『ある心理学者の強制収容所体験』(*Ein Psycholog erlebt das Konzentrationslager*, 1946／霜山徳爾訳『夜と霧』みすず書房、一九六一／池田香代子訳『新版　夜と霧』みすず書房、二〇〇二)

『夜と霧』――フランクルの名前を世界に轟かせた一冊である。日本でも五〇年以上、読み継がれるロングセラーとなっている。

アメリカではまず一九五九年に『強制収容所から実存主義へ――ある精神科医の新しいセラピーへの道』(*From Death-Camp to Existentialism : A Psychiatrist's Path to a New Therapy*)という書名で刊行されたが、一九六三年に『生きる意味を求めて――ロゴセラピー入門』(*Man's Search for Meaning : An Introduction to Logotherapy*)へと書名を変更して、長きにわたって読み継がれてきた。

強制収容所で亡くなった多くの犠牲者に代わって、ホロコーストについて語り継いでいく責任を感じていたフランクルが、使命感に駆られて書いたものである。

ではなぜ、この本が長きにわたって多くの人に読まれてきたのか。その理由の一つは、この本がナチスによる人類史上空前の大量虐殺についての生きた証言であることにある。日本語訳の旧訳版『夜と霧』には原著にはない一般的かつ客観的な解説文がかなりのページにわたって加えられ、さらに大量の写真や図版などの資料も付されている。

しかしこの本が支持されているのは、もちろん、そのような資料的価値のみによるのではない。フランクルの語りはそのまま、強制収容所という限界状況にあってなおも人間としての尊厳を失わず、生きる希望や理想を抱き続けた人間が存在していたということについての生きた証言になっている。強制収容所における数々の陰惨なエピソードとともに、そのような極限状況にあってもなお、人間は高い精神性を抱き続けることができたことを示すエピソードが紹介され、人間精神の美しさ、崇高さについての可能性が記されているのである。陰惨きわまりない強制収容所での体験が記されていながら、なぜかさわやかな読後感すら残るのは、この本に、人間の精神性に対するフランクルの絶対的な信頼が表現されているからであろう。

そしてこの、いかなる苦難に対しても前向きな姿勢を貫くフランクル特有のオプティミズムこそ――彼をして強制収容所の中で「常に繰り返し最も困難な状況にも耐えさせた」ものでもある。

この著書の中で、多くの読者が最も感動的なシーンの一つとして挙げるのは、早朝、疲れきった体で、過酷な労働を強いられる作業場へ行進しながら、フランクルが妻の面影を思い浮かべる場面であろう。

この著作が、単に収容所の体験報告としてだけでなく、一つの文学作品としても高く評価されていることの理由が、よくわかる箇所である。

3　『苦悩する人間――苦悩の擁護論の試み』（*Homo Patiens: Versuch einer Pathodizee*, 1951／真行寺功訳『苦悩の存在論――ニヒリズムの根本問題』新泉社、一九七二／『苦悩する人間』山田邦男・松田美佳訳、春秋社、二〇〇四）

一九四九年から一九五〇年にかけての冬学期に「苦悩する人間の存在論」と題してウィーン大学でおこなわれた講義の講義録と、同様に一九五〇年の夏学期に「心理療法の体系と問題」と題して同大学でおこなわれた講義の講義録をもとに書かれたものである。

冒頭には、「苦悩そのものが問題なのではない。そうではなく、『何のために苦しむのか』という問いに対する答えがないことが問題なのだ」というニーチェの言葉が記されている。この本は、苦悩の超臨床的意味の解明、つまり苦悩そのものにも意味があるという主張の基礎づけを主題としている。

内容は三つの章からなっている。

まず第一章「自動から実存へ――ニヒリズム批判」においては、前著『制約されざる人間』における生理学主義批判に続いて、心理学主義批判と社会学主義批判とがおこなわれている。生理学主義、心理学主義、社会学主義という三つの還元主義（〜にすぎない）とその帰結であるニヒリズムとの克服が試みられている。

第二章「意味の否定から意味の解明へ」においては、「意味」についての基本的な主張がなされた後、苦悩の意味についての考察がおこなわれている。その結論は、人は「何か」のため、もしくは「誰か」のために苦悩するとき、つまり「〜のために」苦悩するときにのみ、意味豊かに苦悩することができる、というものである。ここでは、自ら不必要な苦悩を求めるマゾヒズムとの慎重な区別がなされている。

第三章「自律から超越者へ——ヒューマニズムの危機」が、この本の最も興味深い個所である。フランクルは、一般的には「人間学主義的精神療法」とか、「実存主義的アプローチ」の一つとみなされている。実際、日本の心理学や精神医学の書物ではそのように分類されていることが多い。しかしフランクルは、あらゆる「主義」に対する批判を展開している。「〇〇主義」は、必然的に還元主義に陥らざるをえないからである。したがってフランクルは、「実存主義」についても「人間学主義」についても、批判を展開する。実存主義も、人間学主義も、ニヒリズムの一つの形態である。すなわち、それらは、人間をすべての中心において絶対化してしまう人間中心主義としての内在的ヒューマニズムの一種である。

人間の超越性を無視したそのようなヒューマニズムは、人間を「神の似像として理解するか、あるいはそれに失敗して自分自身の劇画になるかである」。そして結局ニヒリズムに陥らざるをえなくなるのだとフランクルは言う。

人間の存在論は開かれていなければならない。すなわち世界と超世界に向かって開かれていなければならない。それは超越への扉を開けておかなければならない。しかも開かれた扉からは絶対者の影が差し込んでくる。

ニヒリズムを超えうるためには、単に生理学主義、心理学主義、社会学主義の制約から解き放たれるばかりでなく、さらに超越へと通路を開かなければならない、とフランクルは言うのである。

フランクルの、あらゆる「主義」への批判は徹底している。この著作では、フランクルの批判は人間を偶像化する人間中心主義ばかりでなく、神的なものを人間化する「擬人主義」にも向けられている。擬人主義においては、神の絶対的超越性が見失われてしまうからである。

このように本書では、まず生理学主義・心理学主義・社会学主義の批判、次いで人間中心主義の批判、最後に擬人主義の批判という方向で議論が展開されていき、それらさまざまな「主義」の背後に潜むニヒリズムの根絶を目指すものになっている。

フランクルは、「要するに神は端的に考えることができないもの、言葉で言い尽くせないものである。神はただ信じることができるもの、愛することができるものである」と言って、神の絶対的超越性を強調する。「神の認識可能性は極限ゼロ」であるとも言っている。こうして「擬人主義」を批判するのである。

このあたりは、神と人間との絶対的な差異を説くキルケゴールからカール・バルト（一八八六―一九六八）に至る神理解に通じるものがある。

しかしフランクルは同時に、人間は常に既に「一切にして無」である神との対話の中に置かれているという言い方で、神と人間との親近性にも注意を向ける。「神の同時的な絶対的超越と絶対的な親近性という逆説」「神の同時的な無限の遠さと無限の近さという逆説」「超越から親近へという急激な弁証法的転換」といった表現で、神の逆説性が強調されているのである。

このように本書は、『無意識の神』と並んで、フランクルの宗教や超越者についての考えが最も端的に述べられたものとなっている。『無意識の神』が心理学的な角度から神の問題を論じたものであるとすれば、『苦悩する人間』においては主に存在論的な角度から神の問題が論じられている。

フランクルはしかし、「神」という語をできるだけ避けようとする。それに代えて「超意味」という独特の概念を使う。

「神への信仰」は「隠れた超意味への信頼」という言葉で置き換えられている。そして、私たちはこの「超意味」を信じうるだけであり、それがどのような意味を持つか、どのような意味においてすべては超意味を持つのか、といったことについては何も知ることができない、と結論づけている。

このように本書は、フランクルの哲学的思考の頂点が集約されている本でもあり、私（諸富）がフランクルの著作の中で最も好きな本である。人生の根本問題に悩み続け、哲学神経症とでもいうべき苦悩に苛まれ続けていた二〇代の頃の私は、真行寺功訳の旧訳『苦悩の存在論』をいつも傍らに置いていた。いかにもおどろおどろしい、まさに苦悩に満ちた表紙が、なんともよかった。あの表紙が好きでいつも傍らに置いていた、苦悩の青春時代を送った人間は、私一人ではないだろう。

フランクルは臨終の際に、妻エリーにあるメッセージをアパートの中に残していることを告げた。そのメッセージを記す本として、フランクルが選んだのがこの本、『苦悩する人間』であった。フランクル自身にとっても、本書が特別な意味を持つものであることを示しているエピソードである。

4　『生きがい喪失の悩み——現代の精神療法』（*Das Leiden am sinnlosen Leben:Psychotherapie für heute,* 1977／中村友太郎訳、エンデルレ書店、一九八二／『生きがい喪失の悩み』講談社学術文庫、二〇一四）

本書はもともと、「意味を失った人生についての苦悩」「精神療法を人間的なものとするために」「精神医学者は現代の文学に対してどのように言っているか」といった題目でおこなわれた講演の記録を集めたものである。そのため、コンパクトで読みやすい内容になっている。

本書を読めば、その内容は、まさに現代の私たちのことを語っているように感じられる。本書におけるフランクルの指摘を読むと、一九七〇年代と現在とで人間の苦悩の質はまったく変わっていないということ、七〇年代にフランクルが指摘していた空虚さがただ今はあからさまに表現されるようになっただけであり自明化しつつあるということが、よく伝わってくる。

本書は、そのタイトルに示されるように、現代人の抱える「実存的な空虚感」、現代を生きる私たちがしばしば抱きがちな「人生の無意味さの感覚」「空虚感」について、多角的に触れている。フランクルの言う「実存的空虚」である。

この無意味さの感情は、今日では、劣等感をしのいでおり、そのことは神経症的疾患の原因にかかわっています。今日の人間は、自分の持っている価値が誰か他の人間の価値より劣っているという感情に悩むよりも、むしろ、自分の存在が何の意味ももっていないという感情に悩んでいます。

しかし人はいつしか、内面の空虚から逃げることができなくなる。そして人生の意味について苦悩し始める。それはけっして心の病として治療の対象にされるべきものではなく、人間の成長にとってたいへん大きな意味を持つ体験として理解されるべきものだとフランクルは言う。

そして、この実存的空虚に苦しむ人々への心理療法こそ、フランクルの考案したロゴセラピーである。それは、人間の深層心理を分析する「深層心理学」ではなく、人間をその本来あるべき高みへと引き上げる「高層心理学」なのである。

ユングやフロイトの「深層心理学」に対抗して、フランクルは「高層心理学」を提唱した。この点は、もっと知られてよいであろう。本書に付録として所収されている文学についての講演録も興味深い。

フランクルは、ある文学作品の内容が病理学主義によって貶《おとし》められてしまうことに警告を発している。「ところで、ある文学作品の創作者が本格的に病気である――ことによると精神障害を病み、単に神経症であるにとどまらない――ということが個々の場合に実際にあるとしても、このことは、いささかなりとも、彼の著作の価値や真理を否認するでしょうか。そんなことはないと私は思います。たとい統合失調症患者が主張するからといって、二掛ける二は四であります。それとちょうど同じように、ヘルダーリンの詩作の価値やニーチェの哲学の真理に対して、前者が統合失調症を患っており、後者が脳性麻痺を病んでいたことは、何らの損傷をも与えない、と私は思います」。（LSL）

このようにフランクルは、病理学主義を批判する。そしてそのことから、「人間の現存在の意味所有性というようなものへの憂慮」、つまり、自分の存在に意味があるのだろうか、という疑問や、「人生に意味などあるはずがない」という絶望も、けっして病理現象として扱われるべきものではない。それは、「人間における最も人間的なこと」であって、それを病理として扱うことは、この「人間における最も人間的なこと」を「単にあまりに人間的なこと」に歪曲してしまうことになる。そう警告を発するのである。

5　『聴き届けられることのなかった意味への叫び――心理療法とヒューマニズム』（*The Unheard Cry for Meaning: Psychotherapy and Humanism*, 1978／諸富祥彦監訳、上嶋洋一・松岡世利子訳『〈生きる意味〉

を求めて』春秋社、一九九九年）

副題に示されているように、本書では、いわゆる「人間中心主義」としてのヒューマニズムに対する警告が基本テーマの一つとなっている。フランクルは「自己実現」よりも「自己超越」を強調し、人間の心は「自分を超えた何か」とのつながりにおいて初めてほんとうに満たされうることを繰り返し説く。そのような観点から「人間中心主義」としてのヒューマニズムに対して批判を展開する。

フランクルのヒューマニズム批判の矛先が、本書では、ヒューマニスティック・サイコロジー（人間性心理学）に向けられている。

心理学の概論では、一般には、フランクルも、マズロー、ロジャーズ、ジェンドリンらの「人間性心理学」の系譜に位置づけられている。筆者（諸富）も、この系譜に位置づく心理学者である。

しかし、本書でフランクルは、そのヒューマニスティック・サイコロジーに対して痛烈な批判をおこなっている。この点が心理学を専門とする筆者には、たいへん興味深いのである。

本書所収の論文「純粋なエンカウンターについての批判――『ヒューマニスティック・サイコロジー』はどれほどヒューマニスティックか」の中で、フランクルは次のように述べている。

「ロゴセラピーは、ヒューマニスティック・サイコロジーの運動に「加わった」と言われているが、あえて問題提起をして重要な論点に気づいてもらうために、ヒューマニスティック・サイコロジーに対して批判的な距離をとり、批判的にコメントをするために、ロゴセラピーをヒューマニスティック・サイコロジーから切り離しておいたほうがよいだろう」。

フランクルの批判の主な対象は、いわゆる「エンカウンター・グループ運動」に向けられている。人間を超えた何か（意味や価値）とのかかわりなしで、人間と人間のほんとうの出会いなどというものが可能だろうか、というのがフランクルの提示する疑問である。

「私が言いたいのは、ロゴスの次元に入ることなしに、真の対話などというものはありえない、ということである。ロゴスを欠いた対話、志向的対象に向けられることのない対話などというものは、実のところ、せいぜい相互的なモノローグ、相互的な自己表出でしかない、と言いたいのだ」。

エンカウンター・グループでおこなわれているのは、せいぜい「相互的なモノローグ」だというのである。なかなか手厳しい批判である。

フランクルは続けて、真の出会いは、「ロゴスに開かれつつ共に存在すること（coexistence）」であり、それはパートナーをして自らを超えてロゴスに向かわしめるものである。そうした相互的な自己超越を促進するものであると言う。そしてマルティン・ブーバー（一八七八―一九六五）らが用いた伝統的な意味での「出会い」とは異なって、ヒューマニスティック・サイコロジーにおける「エンカウンター」は、人間を自己超越への窓を持たないモナドのようにみなす俗悪な機械主義的概念になってしまっている、と批判を展開するのである。

産業化社会の非人間的な雰囲気、「孤独な群衆」の中にあって、その孤独感を癒そうと人々が親密さを求め、エンカウンター・グループに集まってくることは理解できる。けれどもそこで起こっているのは、お互いをロゴスに向けて自己超越せしめるような「真の出会い」ではなく、せいぜい相互的な自己表出の溜まり場であり、「疑似的出会い体験」にすぎない、とフランクルは言うのである。

フランクルがエンカウンター・グループをどれほどきちんと理解しているか疑問が残る点はある。しかし、離婚した夫への怒りを彼との関係の中で扱おうとせず、その代わりに気球に怒りをぶつけて解放感を味わわせてそれでよしとするといった、フランクルが例としてあげているゲシュタルト・グループなどを例にとれば、先の批判も理解できる。「怒りの理由はまだそこにある」のに、そうやって怒りだけを解消しようとするのは、単なる誤魔化しだとフランクルは言うのである。

ヒューマニズムやエンカウンターに対するフランクルの批判のポイントは、「自己超越性」の有無である。「自己超越性」を欠いたヒューマニズムは真のヒューマニズムたりえない。「自己超越性」を欠いた出会いは真の出会いたりえない。そうフランクルは言う。

このように「自己超越性」を強調したことから、またそれをめぐる対話で親交の深まったマズローとの関係から、フランクルは米国のトランスパーソナル心理学会学会誌の創刊にも名前を連ねている。

日本のヒューマニスティック・サイコロジーがより成熟したものになるために、本書におけるフランクルの批判は、充分に耳を傾ける価値のあるものである。

本書ではほかにも、「セックスの非人間化について」「スポーツ——現代の禁欲主義」など、現代人の身近な問題を幅広く取り上げたものになっている。

　ところで、本書のタイトルである『聴き届けられることのなかった意味への叫び』には、収容所に収容される九ヵ月前に結婚したばかりだった最初の妻、ティリーとの間に「生まれるはずだった子ども」（ナチスによって中絶を余儀なくされた子ども）への思いが託されている。この本の献辞に「ハリーまたはマリオン。生まれてこなかった子に」と記されているのは、そのためである。

〔参考文献について〕

本書、特に「第一部　フランクルの生涯と思想形成」に関する詳細については、主に次の文献を参照した。

●広岡義之『フランクル教育学への招待』風間書房、二〇〇八（中でも「序に代えて」から「第三章」まで）。この著作には、フランクルの生涯のさまざまなエピソードが実にふんだんに示されている。わが国における第一級のフランクル研究書である。あまりに多くにわたるのでそのつど記してはいないが、本書で紹介したエピソードも、この広岡氏の著作によって知ったものが多い。広岡氏の卓越した研究調査能力に心から敬意を表したい。

●アレクサンダー・バッチャニー／竹内節・広岡義之訳「ヴィクトール・E・フランクル　生涯と業績」（『現代思想4月臨時増刊号　imago』総特集　ヴィクトール・E・フランクル、二〇一三）

●ハドン・クリングバーグ・ジュニア／赤坂桃子訳『人生があなたを待っている――〈夜と霧〉を越えて〈1〉〈2〉』みすず書房、二〇〇六

●諸富祥彦『フランクル心理学入門――どんな時も人生には意味がある』コスモス・ライブラリー、一九九七

本書の「第一部」は、この拙著の第一章に右記の資料に示されている事実やエピソードをふまえて大幅に加筆・削除・修正を加えたものをもとに新たに書き下ろしたものである。

なお、本書におけるフランクルの著作・論文からの引用に際しては、次に示す略記号を用いた。引用に際しては、翻訳を参照しつつ、原文にあたって訳し直した。改訳の必要がないと思われる箇所については、翻訳をそのまま引用させていただいた。特に『夜と霧』については、旧訳の霜山徳爾訳を用いた。

〔引用文献名と略記号〕

PP：「哲学と心理療法——実存分析の基礎づけのために」

Philosophie und Psychotherapie:Zur Grundlegung einer Existenzanalyse, In:*Schweizerische medizinische Wochenschrift*, 69, 1939

諸富祥彦訳「哲学と心理療法——実存分析の基礎づけのために」『教育と教育思想第12集』教育思想研究会、一九九二

ÄS：『医師による魂のケア——ロゴセラピーと実存分析の基礎づけ』

Ärztliche Seelsorge: Grundlagen der Logotherapie und Existenzanalyse, Franz Deuticke, 1946

霜山徳爾訳『フランクル著作集2　死と愛——実存分析入門』みすず書房、一九五七

山田邦男監訳、岡本哲雄・雨宮徹・今井伸和訳『人間とは何か——実存的精神療法』春秋社、二〇一一

PEK：『ある心理学者の強制収容所体験』

Ein Psycholog erlebt das Konzentrationslager, Verlag für Jugend und Vork, 1946

霜山徳爾訳『夜と霧』みすず書房、一九六一

池田香代子訳『夜と霧　新版』みすず書房、二〇〇二

TJLS：『それでも人生にイエスと言う』

...trotzdem Ja zum Leben sagen, Franz Deuticke, 1946

山田邦男・松田美佳訳『それでも人生にイエスと言う』春秋社、一九九三

ZV：『時間と責任』

Zeit und Verantwortung, Franz Deuticke, 1947

UG：『無意識の神』

山田邦男監訳、今井伸和・高根雅啓・岡本哲雄・松田美佳・雨宮徹訳『意味への意志』所収、春秋社、二〇〇二

Der unbewusste Gott, Kösel-Verlag, 1948
佐野利勝・木村敏訳『フランクル著作集7　識られざる神』所収、みすず書房、一九六二

UM:『制約されざる人間——超臨床的講義』
Der unbedingte Mensch: Metaklinische Vorlesungen, Franz Deuticke,1949
山田邦男監訳『制約されざる人間』春秋社、二〇〇〇

HP:『苦悩する人間——苦悩の擁護論の試み』
Homo patiens: Versuch einer Pathodizee, Franz Deuticke, 1951
真行寺功訳『苦悩の存在論——ニヒリズムの根本問題』新泉社、一九七二
山田邦男・松田美佳訳『苦悩する人間』春秋社、二〇〇四

LE:『ロゴスと実存——三つの講演』
Logos und Existenz : Drei Vorträge, Amandus-Verlag, 1951
佐野利勝・木村敏訳『フランクル著作集7　識られざる神』所収、みすず書房、一九六二

PZ:『時代精神の病理学』
Pathologie des Zeitgeistes, Franz Deuticke, 1955
宮本忠雄訳『フランクル著作集3　時代精神の病理学』みすず書房、一九六一

TTN:『神経症の理論と治療』
Theorie und Therapie der Neurosen, Ernst Reinhardt, 1956
宮本忠雄・小田晋訳『フランクル著作集4　神経症Ⅰ』みすず書房、一九六一
霜山徳爾訳『フランクル著作集5　神経症Ⅱ』みすず書房、一九六一

MS:『精神医学的人間像』
Das Menschenbild der Seelenheilkunde, Hippokrates-Verlag, 1959

〔参考文献について〕

宮本忠雄・小田晋訳『フランクル著作集6 精神医学的人間像』みすず書房、一九六一

ABS：「意味の問題に対する警告的な覚書き」（邦訳なし）
Aphoristische Bemerkungen zur Sinnproblematik, In：*Archiv für die gesamte Psychologie*, 116, 1964

STHP：「人間的現象としての自己超越」
Self-Transcendence as a Human Phenomenon, In：*Journal of Humanistic Psychology*,Vol.6, No2, 1966
「人間的現象としての自己超越」 A・J・サテック、M・A・ビック編、小口忠彦、恩田彰訳『人間性の探求——ヒューマニスティック・サイコロジー』産業能率短期大学出版部、一九七七

PE：『心理療法と実存主義——ロゴセラピー論文集』
Psychotherapy and Existentialism：Selected Papers on Logotherapy, Simon and Schuster, 1967
高島博・長澤順治訳『現代人の病——心理療法と実存哲学』丸善、一九七二

WM：『意味への意志——ロゴセラピーの基礎と応用』
The Will to Meaning：Foundations and Applications of Logotherapy, New American Library, 1969
大沢博訳『意味への意志』ブレーン出版、一九七九

LSL：『生きがい喪失の悩み——現代の精神療法』
Das Leiden am sinnlosen Leben：Psychotherapie für heute, Herder, 1977
中村友太郎訳『生きがい喪失の悩み』講談社学術文庫、二〇一四

UCM：『聴き届けられることのなかった意味への叫び——心理療法とヒューマニズム』
The Unheard Cry for Meaning：Psychotherapy and Humanism, Simon and Schuster, 1978
諸富祥彦監訳、上嶋洋一・松岡世利子訳『〈生きる意味〉を求めて』春秋社、一九九九

AS：「自伝」（邦訳なし）
Eine autobiographische Skizze, In：*Die Sinnfrage in der Psychotherapie*, Piper, 1981

ＩＬ：『AN INVITATION TO LOGOTHERAPY　ロゴセラピーへの招待』（高島博との対談ビデオ）、Joint Spot、一九九〇
ＨＦＭＬ：「いかにして人生の意味を見つけるか」（邦訳なし）
（ロバートソン・シューラーによるインタビュー）
How to Find Meaning in Life, In : *Possibilities*, March/April, 1991
ＷＮＭＢ：『著作には書かなかったこと――私の人生の回想録』
Was nicht in meinen Büchern steht, Lebenserinnerungen, Quintessenz MMV Medizin-Verlag, 1995
山田邦男訳『フランクル回想録――20世紀を生きて』春秋社、一九九八

〈諸富祥彦のフランクル関連著書〉

『フランクル心理学入門――どんな時も人生には意味がある』コスモス・ライブラリー、一九九七
『ビクトール・フランクル　絶望の果てに光がある』ワニ文庫、二〇一三
『100分de名著　フランクル「夜と霧」』ＮＨＫ出版、二〇一三
『「夜と霧」ビクトール・フランクルの言葉』コスモス・ライブラリー、二〇一二
『悩みぬく意味』幻冬舎新書、二〇一四
『あなたのその苦しみには意味がある』日経プレミアシリーズ、二〇一三
『あなたがこの世に生まれてきた意味』角川ＳＳＣ新書、二〇一三
『「働く意味」がわからない君へ　ビクトール・フランクルが教えてくれる大切なこと』日本実業出版社、二〇一四
『〈むなしさ〉の心理学』講談社現代新書、一九九七
『生きていくことの意味』ＰＨＰ新書、二〇〇〇
『魂のミッション――あなたが生まれてきた意味』こう書房、二〇一三

『人生に意味はあるか』講談社現代新書、二〇〇五

〔「気づきと学びの心理学研究会　アウエアネス」のご案内〕

この研究会では、フランクルをはじめとした実存心理学・人間性心理学・トランスパーソナル心理学を体験的に学んでいきます。講義中心ではなく、さまざまなワークを行いながら、楽しく、わかりやすく、心理学をはじめて学ぶ方にも安心して参加いただけます。

ホームページ http://morotomi.net/ をご参考のうえ以下に申し込んでください。

eメール：awareness@morotomi.net　ファクス：03-6893-6701
アドレス：〒一〇一―〇〇六二　東京都千代田区神田駿河台一―一明治大学14号館諸富研究室内　気づきと学びの心理学研究会事務局

あとがき

Ⅰ

今回、改めてフランクルを読み返す機会をいただいた。

今、フランクルの現代的意義を問うならば、それは次の二つである。

一つは、絶望のどん底にあるとき、生きる希望を見出す手掛かりを与えてくれる点である。

日本は、格差社会である。しかも、一部の富裕層が莫大な富を抱える欧米型の格差社会ではない。可処分所得が中央値の半分に満たない相対的貧困率が一六・一％（厚生労働省、二〇一四年）と、OECD加盟国（三〇ヵ国）中第四位。母子・父子家庭に限って見れば実に五四・六％と加盟国中第一位であり、より広く見ても、経済学者・飯田泰之による推定では、すでに国民全体の四割近くが貧困化しつつある「貧困格差社会」である。

しかも、一度、貧困層に入った人間には逆転の機会が与えられにくい。たとえ大学を卒業しても、運悪くブラック企業に就職し、いいように使われて精神の病を発症し、退職し、低収入ゆえに結婚もできず……という負のループにいったん陥ってしまうと、なかなか抜け出すことが困難な社会。それは、「絶望格差社会」とも言われている。

そんな先の見えない絶望を感じている人の心に、フランクルは届く。

あなたは思うかもしれない。

この人生で自分を必要としている人なんて誰もいない。自分なんかいてもいなくても、何も変わらない、と。けれど、そんなあなたにフランクルは言う。

あなたがどんなに人生に絶望しても、人生があなたに絶望することは決してない。

たとえあなたが人生に、もうどんな期待も抱けなくなっていたとしても、人生のほうがあなたに期待をしなくなることなどない。死のその瞬間まで、一秒たりとも、ありはしないのだ。


フランクルは、どんな絶望の淵からも人間は立ち上がれることを臨床的な根拠をもって示すのだ。

もう一つ、フランクルの現代的意義は、人間の「本来の生き方」について、そして、心の諸症状は人のあり方がこの「本来」から逸れてしまうときに生じる「空虚を埋める方便」であるということについて思い起こさせてくれる点である。私たちは、心の空虚を埋めようと、あれこれと余計な努力をし、あがき続けるほど、さらに空虚から抜け出せなくなってしまう。ありあまる選択肢に囲まれて、何を選べばいいかわからず、自分に過剰な関心を抱き、迷路にさまよいこんでしまう。そして、うつなどの心の症状を抱えてしまう。

どうすればいいか。

フランクルの答えは明快だ。

自分自身への過剰な関心を捨てて、ただ、自分に与えられた使命・天命に取り組め。

空虚を埋めようとするな。

自分探しにもがくな。

症状と闘うな。

そうした無駄なあがきが、さらに問題の根を深くする。

自分を忘れ、空虚を忘れ、症状を忘れて、ただ、己の人生に与えられた使命・天命をまっとうせよ。そうすれば、空虚も、自分への過剰な関心も、症状も、いずれ、いつの間にか自然となくなる。

つまり、己の人生の使命・天命に我を忘れて取り組む、という「人間の本来性」。それを取り戻せ。

そうすれば、心の問題はいずれ消え去る。そんな実にシンプルな答えなのである。そして、きわめてシンプルで、簡明・素朴であるがゆえの説得力が、フランクルの思想にはある。

II

本文でも取り上げたように、フランクルの思想の最大のキーワードの一つは、「人生からの問い」

である。人間は、「人生から問われている者」であるという言葉である。フランクル自身の生き方、逆境の中にあっても失われなかった熱情を込めた生き方を思い起こすと、その思想の核心は、日常用語で「使命」「天命」といった言葉で表現されるものに近い。

自分の人生に与えられた「使命」「天命」を生きる。利害打算を超越して、我を捨て、ただ「使命」「天命」に生きる。それから離れたときに、人間の心は空虚となる。

私はこれまで「人生の真理」や「ほんものの生き方」について、またそれを生きた「最高の人格」の特徴について関心を抱いてきた。「ほんものの生き方」、そしてそれを生きた「最高の人格」には、少なくとも、次の要素は不可欠だ。

1 「深い孤独」を愛する。静かにみずからの心の声を聴く。
2 他者との深いつながりゆえに、その孤独は可能となる。
3 自分に与えられた「使命」「天命」に、我を忘れて、ただひたすら取り組む。
4 利害打算を超えて、パッションを込めて生きる。

これは、「最高の人格」の研究をしたマズローやコールバーグ（一九二七—八七）らの著作を読み返してみても、確認できることだ。しかし、このごく当たり前のことを私たちはつい忘れてしまいがちである。自ら、肝に銘じるため、確認しておきたい。

人間は、弱い生き物だ。心が空虚になり、それを誤魔化すため、気晴らしに励む。しかし気晴らしは気晴らしにすぎないので、だんだんとエネルギーが低下して、うつになる。空虚な心を誤魔化すために何かに依存的になる。そしてそうなれば、またその症状の治療や対応に追われる。この繰り返しだ。

空虚な心を根本的に治癒する方法は、ただ一つ、自身の生き方を人間として「本来の生き方」に戻すこと。我を忘れ、利害打算を超えて、ただ自らのいのちに与えられた「使命」「天命」をまっとうするように生きること。

そこから逸《そ》れると、人間の心にはたちまちにして「空虚」が忍び寄る。そしてその空虚を誤魔化すために、さまざまな症状を生じざるをえなくなるのだ。

私自身も弱い人間だ。すぐに心のコンディションを崩してしまう。そして、コンディションが悪いからと自分に言い訳をして、気晴らしに励む。気晴らしに疲れ、その疲れを癒すために、さらに気晴らしが必要になる。そんなことの繰り返しだ。そんなとき、私はフランクルの「人間は、人生から問いかけられている」という言葉を思い起こすことにしている。

私は、今、人生から何を問いかけられているのか。

私は自分の人生の使命・天命として、何をまっとうすることを求められているのか。

そのように、自分に問うことにしている。そうすることで、自分の精神を「本来の在り様」に戻そうとしているのだ。

Ⅲ

フランクル自身があの強制収容所の中で病にかかり、高熱にうなされていたときにおこなったこと——それは、収容所に入れられたときに奪われた自身の処女作『医師による魂のケア』の原稿を速記用の記号で復元するという作業であった。自らの限りあるいのちに与えられた「使命」「天命」を何としてでもまっとうしなくては、という意識が、収容所の中でフランクルを支えた。また、収容所を出た後、いのち尽きるまで、情熱的に自らの思想を書き続け語り続けたエネルギーの源となった。

フランクルが私たちに遺してくれたもの。その一つは、自分が「人生から問いかけられている存在」であることを思い起こして生きよ、ということである。自らのいのちに与えられた「使命」「天命」を、自分は果たしてまっとうできているだろうか。そのように自問しつつ日々を生きよ、ということである。我を捨て、ただ「使命」「天命」に生きる。この、人間本来の生き方から逸れたとき、人の心は空虚となり、うつをはじめとした心の諸症状に苦しめられ始める。

自分のことを必要としている「何か」がある、自分のことを必要としている「誰か」がいる——そしてその「何か」や「誰か」のために、自分にもできることがある。
このような思いほど、私たちの心を強く駆り立ててくれるものはない。
フランクルは言う。

どんな時も、人生には意味がある。
「何か」があなたを待っている。「誰か」があなたを待っている。
あなたがどんなに人生に絶望しても、人生があなたに絶望することは決してないのだ。

二〇一五年秋

諸富祥彦

知《ち》の教《きょう》科《か》書《しょ》 フランクル

二〇一六年一月一〇日 第一刷発行
二〇二一年四月一三日 第二刷発行

著者 諸《もろ》富《とみ》祥《よし》彦《ひこ》

発行者 鈴木章一
発行所 株式会社 講談社
東京都文京区音羽二丁目一二―二一 〒一一二―八〇〇一
電話（編集）〇三―三九四五―四九六三
（販売）〇三―五三九五―四四一五
（業務）〇三―五三九五―三六一五

装幀者 奥定泰之
本文データ制作 講談社デジタル製作
本文印刷 信毎書籍印刷株式会社
カバー・表紙印刷 半七写真印刷工業株式会社
製本所 大口製本印刷株式会社

ISBN978-4-06-258619-1 Printed in Japan
N.D.C.134 230p 19cm

講談社選書メチエ　刊行の辞

書物からまったく離れて生きるのはむずかしいことです。百年ばかり昔、アンドレ・ジッドは自分にむかって「すべての書物を捨てるべし」と命じながら、パリからアフリカへ旅立ちました。旅の荷は軽くなかったようです。ひそかに書物をたずさえていたからでした。ジッドのように意地を張らず、書物とともに世界を旅して、いらなくなったら捨てていけばいいのではないでしょうか。

現代は、星の数ほどにも本の書き手が見あたります。読み手と書き手がこれほど近づきあっている時代はありません。きのうの読者が、一夜あければ著者となって、あらたな読者にめぐりあう。その読者のなかから、またあらたな著者が生まれるのです。この循環の過程で読書の質も変わっていきます。人は書き手になることで熟練の読み手になるものです。

選書メチエはこのような時代にふさわしい書物の刊行をめざしています。

フランス語でメチエは、経験によって身につく技術のことをいいます。道具を駆使しておこなう仕事のことでもあります。また、生活と直接に結びついた専門的な技能を指すこともあります。

いま地球の環境はますます複雑な変化を見せ、予測困難な状況が刻々あらわれています。

そのなかで、読者それぞれの「メチエ」を活かす一助として、本選書が役立つことを願っています。

一九九四年二月　　野間佐和子